湖南水稻区域收入保险研究

彭建林　著

中国农业出版社
北　京

<<< FOREWORD

前言

为保护农户种粮的积极性，维护国家粮食安全，我国从2004年开始实行以最低收购价为主的粮食价格支持政策。从2008年开始，国家连续7次上调了稻谷的最低收购价。最低收购价政策经过十多年的演进，几乎覆盖了全部粮食作物。现有的粮食价格支持政策对于促进粮食生产增长发挥了重大作用，但一定程度上也造成了资源配置的扭曲。近年来，受国内经济增速放缓和国际市场粮食价格下跌的影响，粮食市场出现了国外产品低价涌入、国内部分粮食作物生产过剩的现象，只升不降的最低收购价政策到了需要调整的时候。2018年，中央1号文件提出要探索开展稻谷、小麦和玉米三大粮食作物收入保险试点。通过开展收入保险试点，稳定粮食生产和种粮农户收入，将原来对最低收购价的财政投入转移到收入保险补贴中来，减少价格对市场的扭曲作用，优化资源配置。粮农面临的产量和价格风险大小如何？收入风险如何定价？对于精算保费的收入保险产品，农户是否具有支付意愿？该产品的经济效果如何？

本书以湖南水稻为例，分析其产量风险和价格风险大小，就水稻区域收入保险费率厘定、农户支付意愿及经济效果模拟评价进行研究，主要内容如下：

（1）分析现有农业补贴、最低收购价以及产量保险等水稻风险管理政策工具在应对水稻价格风险和产量风险中的作用与不足，探讨实行水稻收入保险的必要性和可行性。

（2）美国农产品收入保险对我国的借鉴。分析美国农产品收入保险的管理运行机制，重点就农产品收入保险产品在产量及价格数据选择、保障水平及投保单元设置和典型收入保险产品赔偿设计等方面进行阐述，分析不同保障水平下的保费补贴比例，提出我国发展水稻收入保险可资借鉴之处。

(3) 识别湖南区县水稻单产和价格风险。阐述湖南省水稻历年单产变化趋势，就各个区县1987—2016年的水稻单产，采用非参数核密度信息扩散法计算减产率，分析各区县水稻单产风险大小。以在险值(VaR)测度价格风险，分析残差服从不同分布下的GARCH模型拟合情况，计算在不同置信水平下水稻的价格损失。

(4) 模拟单产和价格分布，对湖南水稻区域收入保险进行定价。采用非参数核密度方法对去趋势处理后的价格和单产数据进行拟合，得到各自的概率密度函数，选取常见的Copula函数拟合各个区县水稻收入的二维分布。采用Monte Carlo模拟和经验费率法厘定各个区县水稻收入保险的保障金额以及间隔10%的70%～100%保障水平下的保险纯费率。

(5) 分析稻农对湖南区域水稻收入保险的支付意愿及其水平。针对拟定的永州市零陵区水稻收入保险产品，以区内339户水稻种植户为样本，从户主特征、家庭生计资本、风险态度与认知、保险产品认知等方面构建指标，采用Heckman两阶段法对影响农户水稻收入保险支付意愿及支付意愿水平的主要因素进行实证研究。

(6) 模拟分析政府部门和保险公司对保险产品的评价。从保险公司角度出发，理论上比较产量保险和价格保险组合与收入保险在理赔成本上的差异。从政府角度出发，采用确定性等值（Certainty Equivalent，CE）方法模拟永州市零陵区水稻收入保险的经济效果，对比分析无政策、收入保险、产量保险以及价格保险等各种情况下的农户预期收入、确定性等值和财政补贴效率。

研究结果表明：

(1) 收入保险应该成为农户应对价格风险和产量风险的重要工具。近年来，国内外粮食价格倒挂，粮食市场低迷，生产成本上涨，稻农面临较大的价格风险。现有水稻收入风险管理政策工具需要优化。收入保险作为世贸组织的“绿箱”政策，能有效促进粮食价格机制改革，应对水稻价格风险和产量风险。

(2) 借鉴美国农产品收入保险经验，我国应完善政策性农业保险内涵，增加收入保险品种，加强产品设计，增大保险补贴力度。

（3）区域收入保险在现有条件下是可行的。各区县平均减产率为0.9%～3.8%，减产率不低于5%的概率为5.9%～38%。水稻价格波动较大，呈现聚集性，解释了大部分的收入变化。由于风险的不同，不同地区的收入保险费率有所差异。100%保障水平下的保险费率为10%～13%。同一保障水平下的保险费率没有呈现类似保障额度的地区集中分布趋势。不同保障水平下的保险费率有一定差距，保险费率随保障水平的上升快速上涨，但涨幅趋小。

（4）农户水稻收入保险支付意愿较强，收入保险支付意愿及支付意愿水平的显著性影响因素有所不同，风险态度及保险补贴认知显著影响收入保险支付意愿及其水平。

（5）水稻收入保险的财政补贴效率高，具有理赔成本优势。对比无政策、现有产量保险、精算的产量保险、价格保险及价格产量保险组合，收入保险增加了农户的预期收入，并减少了收入波动，提高了农户的确定性等值。收入保险的财政补贴效率相对较高，80%保障水平下的收入保险财政补贴效率高于100%保障水平下的数值。

<< CONTENTS

目录

前言

1 绪论 …… 1

1.1 研究背景和意义 …… 1

1.1.1 研究背景 …… 1

1.1.2 研究意义 …… 3

1.2 文献综述 …… 3

1.2.1 农产品收入保险定价的研究 …… 4

1.2.2 农业保险支付意愿的研究 …… 7

1.2.3 农业保险经济效果评价的研究 …… 9

1.2.4 简要述评 …… 10

1.3 研究的目标、对象和内容 …… 11

1.3.1 研究目标 …… 11

1.3.2 研究对象 …… 11

1.3.3 主要研究内容 …… 12

1.4 研究方法和技术路线 …… 13

1.4.1 研究方法 …… 13

1.4.2 技术路线 …… 14

1.5 创新之处 …… 15

2 基本概念、理论基础与分析框架 …… 17

2.1 基本概念界定 …… 17

2.1.1 农业风险 …… 17

2.1.2 收入保险 …… 17

2.2 理论基础 …… 18

2.2.1 期望效用理论 …… 18

2.2.2 公共产品理论 …… 19
2.2.3 理性行为理论 …… 20
2.3 理论分析框架 …… 21
2.3.1 收入保险定价的理论分析 …… 22
2.3.2 收入保险支付意愿影响因素的理论分析 …… 23
2.3.3 收入保险经济效果模拟评价的理论分析 …… 26
3 我国水稻生产风险及收入保险发展现状 …… 29
3.1 水稻生产及面临的风险 …… 29
3.1.1 我国水稻生产及分布 …… 29
3.1.2 湖南水稻生产情况 …… 31
3.1.3 水稻生产面临的风险 …… 33
3.2 水稻收入风险管理政策工具及收入保险的必要性 …… 35
3.2.1 农业补贴 …… 35
3.2.2 粮食最低收购价 …… 36
3.2.3 水稻产量保险 …… 37
3.2.4 政策工具比较及收入保险必要性 …… 38
3.3 水稻收入保险的可行性分析及我国农产品收入保险发展现状 …… 39
3.3.1 水稻收入保险的可行性 …… 39
3.3.2 我国农产品收入保险发展现状 …… 41
本章小结 …… 43
4 美国农产品收入保险经验及借鉴 …… 44
4.1 美国农产品保险发展历程 …… 44
4.2 美国农产品收入保险产品设计及典型产品 …… 47
4.2.1 美国农产品收入保险的产品设计 …… 47
4.2.2 美国农作物收入保险典型产品 …… 50
4.3 美国农产品收入保险补贴 …… 53
4.3.1 保费补贴 …… 53
4.3.2 经营管理费补贴 …… 55
4.3.3 再保险 …… 55
4.4 美国农产品收入保险的启示 …… 56
本章小结 …… 58

5 湖南水稻种植收入风险分析 …… 59

5.1 湖南水稻产量风险评估 …… 59

5.1.1 产量风险评估方法 …… 59

5.1.2 水稻产量数据来源 …… 60

5.1.3 湖南区县水稻产量风险评估结果 …… 60

5.2 水稻价格风险测度 …… 63

5.2.1 水稻价格风险测度方法及模型 …… 63

5.2.2 水稻市场价格数据选择 …… 66

5.2.3 水稻价格风险测度及其结果 …… 67

5.3 水稻收入风险分析 …… 73

5.3.1 湖南水稻种植收入状况 …… 73

5.3.2 湖南水稻种植收入风险分析 …… 73

本章小结 …… 75

6 湖南水稻区域收入保险风险分布及保险定价 …… 76

6.1 湖南区县水稻单产趋势调整及分布 …… 76

6.1.1 水稻单产趋势调整 …… 76

6.1.2 水稻单产分布 …… 76

6.2 湖南水稻价格趋势调整及分布 …… 77

6.2.1 水稻价格趋势调整 …… 77

6.2.2 水稻价格分布 …… 79

6.3 湖南水稻区域收入保险费率及保障水平确定 …… 80

6.3.1 联合分布的 Copula 方法 …… 80

6.3.2 农产品保险纯费率厘定方法 …… 83

6.3.3 水稻区域收入保险纯费率厘定结果及分析 …… 84

本章小结 …… 87

7 湖南水稻区域收入保险支付意愿分析 …… 89

7.1 收入保险产品 …… 89

7.2 调研数据基本情况 …… 93

7.3 农户水稻收入保险支付意愿影响因素分析 …… 94

7.3.1 支付意愿基本情况分析 …… 94

7.3.2 支付意愿影响因素分析模型 …… 97
7.3.3 支付意愿影响因素分析结果 …… 99
7.4 农户水稻收入保险支付意愿水平影响因素分析 …… 102
7.4.1 支付意愿水平基本情况分析 …… 102
7.4.2 支付意愿水平影响因素分析模型 …… 104
7.4.3 支付意愿水平分析结果 …… 106
本章小结 …… 108

8 湖南水稻区域收入保险经济效果模拟评价 …… 109

8.1 收入保险理赔优势分析 …… 109
8.2 农业收入保险效果模拟评价方法 …… 112
8.2.1 消费者剩余法 …… 113
8.2.2 确定性等值法 …… 114
8.3 收入保险经济效果模拟评价模型及结果 …… 115
8.3.1 补贴比例和保障水平的确定 …… 115
8.3.2 代表性农户及其价格和单产数据的确定 …… 116
8.3.3 收入保险经济效果模拟评价模型及结果 …… 117
本章小结 …… 120

9 研究结论与政策建议 …… 121

9.1 研究结论 …… 121
9.2 政策建议 …… 122

参考文献 …… 124
湖南水稻区域收入保险支付意愿调查问卷 …… 133
后记 …… 136

1 绪论

1.1 研究背景和意义

1.1.1 研究背景

水稻种植业是我国农业经济的重要组成部分，水稻是我国居民特别是南方居民的主要口粮，以水稻、小麦和玉米为代表的粮食价格在居民消费价格指数（CPI）中占比较高。水稻价格的波动会引起粮食价格、畜产品价格以及社会整体物价水平的变化，影响农民收入和社会经济稳定。由于受不利气象、病虫害等影响，部分地区水稻产量呈现一定的波动趋势，但是水稻价格并没有出现过多反复，总体上呈现逐年上涨态势。这其中的重要原因是我国实行的水稻价格支持制度和农业补贴政策的激励作用。不过实施多年之后，一些政策的效果正在递减。由于土地经营的细碎化使得撒胡椒面式的粮食补贴政策对于农民收入并无太大影响，无法解决农民收入不稳定问题，加之农业生产资料价格的快速上涨，抵消了粮食补贴政策给农民带来的收益。粮食补贴政策一定程度上还限制了土地流转，影响了适度规模经营的形成。从 2004 年开始在粮食主产区实行最低收购价政策以来，虽然最低收购价年年提高，但是远不足以使农民收入达到农民的预期收入目标和社会平均收入水平。此外，在粮食生产成本大幅增加的背景下，近年来我国粮食价格不断上涨，并已逐步超过了国际粮价[1]。这直接导致国外低价米大量进入国内，粮食价格面临着非常大的下行压力[2]，影响农民的种粮收益和国家粮食安全。可以说，现行的粮食政策渐渐不适应粮食生产、农业发展的需要[3]，我国农业补贴政策已进入重要的调整关口期[4-5]。

2014 年中央 1 号文件明确提出“继续坚持市场定价原则，探索推进农产品价格形成机制与政府补贴脱钩的改革，逐步建立农产品目标价格制度，在市场价格过高时补贴低收入消费者，在市场价格低于目标价格时按差价补贴生产者，切实保证农民收益。”我国在 2014 年启动了大豆和棉花的目标价格改革试点，经过一些年的实践，取得了一定的效果。但是目标价格补贴政策遇到了两个方面的问题：一是目标价格补贴政策的成本高，目标价格按照生产成本加目标收益的标准制定，在国外低价农产品涌入而国内农业生产成本增加的情况下，目标价格高于市场价格可能会成为常态，政府每年需要支出大量的财政补贴；二是目标价格补贴属于世贸组织的“黄箱”政策，补贴额度不能超过世贸组织规定的农产品生产总值8.5%的红线。近年来，农产品价格走低，能实施目标价格补贴的政策空间越来越小。

以粮食最低收购价和农产品目标价格补贴为主的风险管理手段已不能有效应对农产品市场风险，迫切需要新的市场风险管理工具。价格指数保险和收入保险进入政府应对农产品市场风险的政策选择范围。我国于2010年在上海等地开展了蔬菜价格指数保险，2014年在北京等地推行生猪毛利保险。价格指数保险能有效应对价格风险，但由于价格的波动具有系统性特点，更适合于畜产品。这也可以从美国的价格指数保险主要是牲畜风险保障（Livestock Risk Protection）和牲畜毛利保险（Livestock Gross Margin）两种产品看出[6]。根据美国农业风险管理局数据，开办于1996年的收入保险产品，从2002年起就取代了产量保险和价格保险，成为美国农产品保险的主力军。农产品收入保险成为政府应对价格风险的主要手段。

农产品收入保险是在农作物种植和销售期内，保险公司对被保险人因遭受约定的自然灾害、意外事件或疫病等所造成的减产损失以及因农产品价格波动而造成的收入损失承担赔偿保险金责任的保险活动。农产品收入保险保障金额以种植收入为标准，能覆盖产量风险和价格风险，是农业保险乃至粮食价格改革的重要发展方向。2016年中央1号文件扩展了农产品保险类型，提出要“探索收入保险、天气指数保险试点”，这是中央文件第一次将收入保险纳入农业保险体系中来。2017年中央1号文件要求收入保险从“试点”更近一步，到“制度建设”，要“探索建立农产品收入保险制度”。2018年中央1号文件则要求“探索开展稻谷、小麦、玉米三大粮食作物完全成本保险和收入保险试点”。

目前，我国已在江苏常州武进区、苏州张家港市和四川崇州市进行了水稻收入保险试点，但各地的保障金额、保险费率、保费补贴主体均有所差异。人保财险于2016年开始在江苏常州武进区针对农业合作社推广收入保险试点，保障金额为27 000元/公顷，保险费率6%，区镇两级财政补贴80%。人保财险于2017年在张家港市开办水稻收入保险，投保面积145公顷，保障金额为10 500元/公顷，保险费率5%，张家港市财政补贴80%。四川崇州市水稻收入保险根据不同的地区提供差异化的保障，2018年共投保水稻441公顷，每公顷保障金额约为18 000元，农业农村部和试点地区财政补贴80%保费。

在水稻收入保险成为应对水稻价格风险的重要手段并进入试点的情况下，分析水稻价格和产量风险，合理厘定水稻收入保险费率，研究农户水稻收入保险支付意愿及其水平的影响因素，模拟水稻收入保险的经济效果，分析其相对现有产量保险补贴效率的差异具有现实必要。

1.1.2 研究意义

随着我国逐步取消粮食直接价格支持制度，水稻价格波动将更加明显，与原有的产量风险结合，水稻种植户面临的风险更大。开展水稻收入保险是有效应对其价格波动和产量风险的工具。目前，国内对传统的产量保险，无论是关于费率厘定、风险区划还是支付意愿，都有着丰富的研究。但是收入保险是近年来新出现的农业保险类型，在支付意愿及福利效用等方面缺乏较为深入的研究。本书拟梳理国外关于农产品收入保险的相关研究，以湖南为例来厘定区县水稻收入保险费率，设定收入保险产品要素。从种植户、保险公司以及政府角度分析收入保险。从种植户角度，研究稻农是否愿意购买收入保险及其支付意愿水平；从保险公司角度，分析收入保险产品的理赔成本是否具有优势；从政府角度，分析社会福利及财政补贴效率的变化。本研究有助于深化对水稻收入风险的认识，促进农业保险从产量保险向收入保险转变，丰富农产品保险研究的理论基础和研究方法。

我国已经在大部分地区开展了水稻区域产量保险，小部分地区试点了收入保险产品。现有产量保险以水稻种植的物化成本为保障金额，保障程度较低，农户购买意愿不强，保险费率全省统一、未经精算，不利于区分不同的风险情况。对不同地区的水稻收入保险产品进行费率厘定，分析农户收入保险支付意愿及水平的影响因素，模拟其经济效果，能为政府在开展和推广水稻收入保险方面提供参考意见。

1.2 文献综述

国外对农业收入保险的研究较早。美国在 1996 年就推出了收入保险计划，在此之前就对农业收入保险相关问题进行了研究，现有研究主要针对的是农业收入保险的风险管理作用、收入保险与其他保险计划的对比、收入保险的需求、保险定价等。国内对农业保险的研究经历了从产量保险、价格保险到收入保险的过程。产量保险是研究较透彻的农业保险产品，国内学者对产量保险的风险区划、费率厘定方法和保险补贴等均有较丰富的研究成果[7-19]。随着农户价格风险的日益增加，采用保险手段应对价格风险成为研究的方向。王克等（2014）就实现价格保险的可行性进行了分析[20]，张峭（2013）、张文丽和龙文军（2014）等分别就鸡蛋价格保险[21]和蔬菜价格保险[22]进行了研究。由于市场风险的系统性，价格指数保险存在一定的局限性[23]，收入保险既能管理产量风险，也能管理价格风险，应该成为我国农作物收入保险的切入点[24]。收入保险作为农产品保险的主要产品形态，能完善我国农产品价格形成机制[25-26]。国内对收入保险的研究最早出现在2005年[24]，初期主要对我国试点收入保险的可行性和必要性进行分析[27-28]，随着国内收入保险试点的具体开展，收入保险的研究开始增多。

1.2.1 农产品收入保险定价的研究

为使农户既可以应对产量风险，也可以应对价格风险，美国联邦农产品保险公司（Federal Crop Insurance Corporation，FCIC）于1996年开发了收入保险产品。2014年，收入保险保费占美国所有农业保险保费的比例已由1996年的8.5%增长到81.5%，收入保险金额超过总保险金额的90%[29]。Coble K H和Zuniga H M（2000）认为收入保险计划费率厘定程序主要有四个步骤：一是计算价格和产量序列的相关性，二是计算价格和产量序列分布的相关参数，三是导出价格和对应的产量数据，四是模拟损失并计算收入保险费率[30]。收入保险计划有很多种，如实际收入历史保险（Actual Revenue History，ARH）、收入保障（Income Protection，IP）、收入保险（Revenue Assurance，RA）和团体风险收入计划（Group Risk Income Plan，GRIP）等[31]。各种计划在保险品类、适用地区、费率厘定上各有不同，其中费率厘定的关键点在于数据来源、边际分布函数选优、连接函数选择等方面。

（1）数据来源方面。由于具有发达的农产品期货市场，美国收入保险产品价格数据充分利用期货市场的价格发现功能，以期货价格数据为基础来测量价格变动风险，Tejeda H A和Goodwin B K（2008）选取1959—2007年芝加哥期货交易所11月交货的2月份日期货价格的月平均数作为收入保险价格数据的基础[32]。鉴于国内金融市场的发展现状，价格数据极少来源于期货市场，一般采用全国粮食作物年度平均价格数据[33]、粮油信息中心进厂价的月度数据[28]、文华财经价格指数[34]、大连商品交易所黄大豆1号期货合约价格[35]等。鉴于价格数据种类繁多，Cole J B和Gibson R（2010）特地针对中国大连期货交易所和郑州商品交易所相关产品期货合约进行研究，认为适合收入保险的价格数据应满足5个条件：标准化（Standardization）、可验证（Verifiable Pricing）、易于获取

(Frequent Price Dissemination)、竞争性确定(Competitive Price Determination)、具有价值表征(Value Representation)[36]。肖宇谷和王克(2013)通过对价格和产量指标的分析发现大豆和玉米期货价格可以作为收入保险的价格数据，而小麦期货价格是否可以作为收入保险的价格数据还有待研究[27]。区别于多种价格数据，产量数据均采用单一的作物单产数据，区别在于数据所对应的区域级别，可以有农户级别的单产数据、县级单产数据以及省级单产数据。一般而言，农户级别的单产数据最真实。美国农业保险发展较为成熟，农户单产数据较为齐全，美国一般采用收割前的单产数据以对应期货价格数据。而由于缺乏农户历年单产数据，国内采用的是历年收割后的区域单产数据。

(2)边际分布函数选优方面。张峭和王克(2007)认为趋势单产估计和单产分布的估计产量是保险纯费率厘定的两个关键步骤[37]。当然，收入保险费率厘定也需要面临这两个关键问题。趋势单产的估计大多是通过判断是否存在时间趋势，然后估计时间趋势的方式进行。由于技术进步的原因，农作物产量总是存在着随时间递增的趋势。估计时间趋势通常采取回归方程法(通常是对时间的多项式回归)和时间序列分析法[9,10,14,31,36]。对单产分布的拟合则主要有参数法和非参数法两种。参数法方面，Botts R R 和 Boles J N(1958)提出农作物趋势产量服从正态分布的观点[38]，但这一观点在后期受到了质疑。Day R H(1965)在研究农作物产量分布时提出拟合作物产量应该用右负偏 Beta 分布更合适[39]，Gallagher P(1987)在以美国大豆产量分布为研究对象的实证研究中提出以正态分布拟合作物产量为基础厘定的保费并不合理，进而改用 Gamma 分布作为作物保费厘定的基础[40]。Nelson C H 和 Preckel P V(1993)提出了条件 Beta 分布[41]。非参数方法方面，Goodwin B K、Ker A P(1998)和 Turvey C G(1999)提出非参数模型拟合作物生产分布更为合理[42-43]，因为该方法不需要已知的先验分布，也不需要估计任何参数；但该方法并不适用于小样本，因为在小样本情况下非参数法缺乏足够的稳健性。Ker A P and Goodwin B K(2000)运用经验贝叶斯非参数核密度估计去估计条件产量密度并推导出保险费率，并认为该方法能显著改善数据缺乏问题[44]。当然，更多的学者采用各类分布模型对产量进行拟合。Sherrick 等(2004)利用伊利诺伊州 12 县的 26 个农场 1972—1999 年的玉米和大豆产量数据，拟合正态分布、对数正态分布、Beta 分布、Weibull 分布、Logistic 分布，并使用 A-D 统计量和极大似然值检验了各分布的拟合效果[45]。经验表明价格分布一般具有正偏性，且其尾部比一般正态分布厚。美国开展的农产品收入保险(Crop Revenue Coverage，CRC)计划假设农作物价格服从正态分布，收入保险(RA)计划则假设价格服从 Log-normal 分布。张峭和王克等（2015）以及谢凤杰和吴东立等（2017）采用 Burr、Log-logistic、Logistic、Log-normal 和 Normal 分布，依照 AD、K-S 检验以及卡方统计量分别对畜产品的市场价格和粮食作物的期货价格进行了分布函数拟合[28,35]。对模型的选优可以采取 A-D、K-S 以及卡方检验，也可以根据 Kullback-Beibler 等信息准则构造相应的统计检验。美国的收入保险计划利用收获期期货合同种植前的价格作为预期价格，以此预期价格与相关期权合约的差异作为测量价格风险的数据基础，并假设其服从 Log-normal 分布，作物单产服从 Beta 分布，以这两个分布作为边际分布从中抽取随机变量，据此形成收入的二维连续概率密度函数。收入保障计划采用非参数模型估计作物单产及价格分布，并以此为基础估计作物收入分布。

（3）连接函数选择方面。通常情况下，价格和产量存在负相关关系，二者各自的分布函数也并不一致，构造二者的联合分布函数采用传统多元的正态分布等存在很大的局限性。Copula 函数通过边缘分布和相关性结构来构造多维随机变量的联合分布，具有更大的灵活性[46]。Kobus 和 Pawel（2013）通过构建边缘分布为正态分布的产量函数和边缘分布为 Burr 分布的小麦价格函数、对数正态分布的油菜价格函数，以 Gaussian Copula 函数进行连接并厘定了波兰 378 个农场的收入保险费率[47]。Tejeda H A 和 Goodwin B K（2008）以 Flank Copula 和 Normal Copula 函数连接 Burr 分布的价格函数和 Beta 分布的产量函数，对美国的玉米和大豆进行了收入保险费率厘定[32]。国内最早对收入保险的研究主要在对国外经验的介绍和国内适用条件的分析。2011 年以来，特别是 2015 年之后关于收入保险定价的研究开始不断出现。谢凤杰等（2011，2017）以 2008 年 1 月到 2010 年 6 月 30 个月的文华财经期货指数价格以及安徽省阜阳市 1978—2007 年玉米、大豆及小麦的历年单产数据为基础，在去趋势处理以后，利用两阶段极大似然估计法估计出单产以及价格的联合分布概率模型，并采用模拟法进行抽样 10 000 次，最终计算得到收入保险的保费。鉴于以年单产数据对应月价格数据存在的不足，其在 2017 年改进了价格数据，选取了大连商品交易所 1 月份大豆期货合约在 3 月份和 12 月份的日均结算价分别作为预测价格和收获价格，对大连市及其四区县的大豆的收入保险费率进行厘定，认为小地块的产量风险更能反映实际情况，以期货价格为基准的收入保险未能有效维持农户预期收入水平[34-35]。袁祥州（2016）以三种主粮 1978—2014 年全国平均单产和平均价格数据，采用 ARIMA 的单产模型和 ARIMA-GRACH 的价格模型，取 2014 年的收入作为预期收入，构建 Copula

函数测算了小麦、稻谷和玉米的收入保险费率[33]。吴银豪（2011）以新疆阿克苏地区棉花单产和渤海商品交易所棉花价格指数数据，构建Copula函数厘定了棉花收入保险费率[48]。

1.2.2 农业保险支付意愿的研究

古典经济学家认为农户用购买保险来弥补可能发生的严重损失，转移风险。但前期由于研究方法的局限，缺乏定量分析方法。随着微观经济体行为采用冯·诺依曼和摩根斯坦期望效用理论分析，最优保险理论被运用到农业保险购买意愿研究中来。将购买不同量保险的期望效用进行比较，就可以得出不同风险态度农户的保险需求。风险规避农户所选择的最优保险量等于他可能遭受的初始财富的损失。农业保险支付意愿的研究主要涉及影响因素的选择以及影响因素分析方法。

（1）影响因素选择方面。Hazell P B（1986）从期望效用理论出发，认为期望收入、收入的变动程度以及风险规避系数决定了农户对农业保险的需求[49]。Serra T 和 Goodwin B K（2003）研究发现，随着收入增加，财富积累到一定程度，保险的风险规避功能减弱，美国农户购买保险的意愿也随之降低[50]。Molua E L（2011）则认为农户财富增加并不降低保险需求，收入与其保险需求是正相关的，户主的性别和年龄也会影响保险的需求大小[51]。保障水平的高低也会影响到保险的需求。Smith V H 和 Glauber J W（2012）对美国农业保险法修改前后的农户投保进行研究，发现保障水平提高后，农户的投保率得到了提升[52]。农用化学品投入量、土地面积、土地质量、保险保费、保障水平以及影响农户风险态度的各种社会经济与人口统计变量等都会对农作物的产量分布造成影响[53-54]，从而对保险决策下的期望收入产生影响。Shaik S 等对美国农产品收入保险的研究显示，平均产量、产量的标准差、平均价格、价格的标准差、价格与产量的相关系数、初始财富、风险规避系数、灌溉比率以及期望费率均对农产品收入保险的需求产生影响[55]。

国内学者从期望效用理论出发，就农业保险支付意愿的影响因素进行了研究。关于新疆棉花保险的研究显示，除了收入、财富以及风险相关因素外，保险认知因素显著影响着农户的保险支付意愿水平，“政府的救灾补贴与否”并没有降低农户对农业保险的需求，棉花产量波动性、棉花收入占总收入的比重、家庭负债、土地规模、户主年龄和文化程度与保险需求呈正比，土地质量和从事农业时间与保险需求呈反比[56-57]。农业保险作为政策性保险，农户对基层干部的信任影响着其支付意愿[58]。随着研究的深入，支付意愿影响因素也不断增加，学者开始将影响因素进行分类。肖云和石玉珍（2005）较早地将影响保险购买决策的因素分为社会、中间和个人三个部分，社会层面的因素指所有人都参与的共同因素，例如社会进步的状况、社会保障制度的发展状况等；中间层面的因素主要指与个人所属的群体有关的因素，例如工作单位的福利待遇等；个人层面的因素主要指个人的素质和社会特征，例如性别、年龄、受教育水平、职业等[59]。虽然他们的研究针对的是养老保险，但是对农业保险仍然有较强的借鉴作用。孔荣和袁亚琳（2009）以户主个人特征、家庭特征、家庭生产特征、地区特征以及农户对风险的态度5类因素对陕西、甘肃两省883个农户的天气指数保险购买意愿进行研究，发现地区、年龄、家庭总耕地面积、农业收入占家庭总收入的比重、是否曾因购买农用机械借钱、是否遭遇旱灾、有无债务、是否愿意采用新技术和是否对新型贷款产品有兴趣等因素对农户天气保险产品购买意愿有显著影响[60]。李丹、倪闻阳和刘从敏（2016）从户主特征、种粮意愿、保险公司产品服务情况以及农业保险政策情况4个方面10个指标，以黑龙江省453个种粮大户对政策性农业保险的需求及其影响因素进行分析，结果表明农业经营者的受教育水平、种粮积极性、险种能否满足需求、保险保障水平、补贴政策满意程度、相关法规完善程度对新型农业经营主体购买政策性农业保险的意愿具有正向影响[61]。郭翔宇、刘从敏和李丹（2017）从交易成本视角研究农业保险需求，设置了农户特征、信息成本类、谈判成本类及执行成本类共4类变量，研究显示种植面积、对农业信息的关注度、险种能否满足需求、对保障水平评价、财政补贴力度、法规完善度等指标对农户保险购买意愿有显著正向影响[62]。郑春继、余国新和赵向豪（2017）从风险偏好视角下，对新疆棉区风险喜好型、中立型、厌恶型三个类型的棉农，选择农户自身特征（棉农的性别、年龄、受教育水平）、农户的家庭特征（劳动力人口数、棉花种植规模、棉花种植年限、棉花收入占比、是否有借贷、种植地区）、种植的风险认识（棉花种植风险、灾害作用大小、防范灾害种类）和保险认识（保险了解程度、保险需求程度、保险满意程度）等15个指标来分析棉农的保险需求[63]。晁娜娜和杨汭华（2018）认为农业保险需求反映的是潜在需求，受到农户特征、区域特征、农业风险和农业保险认知等方面的影响，对新疆三地棉农的研究显示，经营规模、棉花价格波动感知对购买意愿有负向影响，而受教育程度、务农年限、家庭总收入等均正向影响购买意愿[64]。

（2）影响因素分析方法方面。由于具体的保险方案具有明确的保费标准，农户只有接受或拒绝两种选项，因而无法根据农户的购买行为直接得出其支付意愿水平。学者采用二值选择模型对支付意愿进行研究[65-66]。农户的农业保险支付意愿水平分布在一个非负的区间内，且有部分农户的支付意愿水平为0，因此支付意愿水平属于截尾的受限因变量。作为典型的截尾回归模型，Tobit模型较早地被用来分析支付意愿水平[67-68]。由于最常用的二分法将支付意愿水平划分为不同区间，类似于生存分析中某事件出现及出现持续时间的研究，以COX比例风险为代表的生存模型成为被较多应用在支付意愿水平上的研究方法[56,69-71]。

1.2.3 农业保险经济效果评价的研究

农业保险所具有的外部性和准公共产品性质是农业保险市场失灵和政策性补贴的理论依据[72-73]。农业保险的特征决定其发展离不开政府的介入和引导，政府应该逐步加大补贴力度，因而要对农业保险的作用进行评价。收入保险是在产量保险和价格保险等基础上发展起来的，对加拿大的研究显示收入保险相对产量保险的成本更低[43]；对美国农业保险的研究也显示，相对其他农业收入支持计划，收入保险更加经济、有效[74]。收入保险在美国、加拿大等发达国家成为价格风险管理的重要研究内容。Dismukes R 和 Coble K H（2006）研究指出，收入保险能有效管理由价格变化引起的农民收入波动风险[75]。

国外对农业保险的社会福利效应研究主要从两个方面进行。一是从社会福利角度出发，以传统的福利经济学理论为基础，采用消费者剩余法进行研究[49,76]。二是从单个农户福利出发，采用预期效用理论分析农业保险对农户经济福利的影响[6,77-78]。农业保险既能增加生产者剩余，也能增加消费者剩余，需求的弹性决定了农业保险收益在生产者和消费者之间的分配。Mishra P K（1996）对印度农产品保险计划的相关产品采用消费者剩余法进行了经济效果评价[76]。Hennessy D A 等（1997）提出以确定性等值衡量生产者福利变化，以预期政府支出与确定性等值的比例来衡量补贴效率，研究显示75%保障水平下的收入保险产品相对于1990年的目标补贴（Deficiency Payment）计划，可以节省75%的政府支出。高风险规避生产者的福利得到增加，而低风险规避生产者福利减少了；政府支出的分配效率得以提升[78]。Hart C E 等（2000）计算了畜产品收入保险与亚式期权等产品的确定性等值，认为相对于比较复杂的期货期权合约，收入保险产品设计简单灵活，更容易被农民接受[6]。Chung W（2014）采用确定性等值法，通过模拟产生的5 000对价格和单产数据，对韩国常见的5种农产品采用收入保险替代原有产量保险的经济效果进行分析，发现消费者剩余和生产者福利都得到了增加[77]。

保险经济效果评价是站在政府角度考虑问题，国内前期对保险经济效果评价的研究更多关于保险补贴方面。明确农业保险补贴实施机制，保证充分的补贴资金是农业保险发展的重要原因[79]。我国政府对农业保险补贴主要从保费补贴、经营管理费补贴、税收优惠以及再保险支撑等方面入手[80]，但由于难以区分农业保险机构经营不善亏损和政策原因亏损的界限，对保险公司的经营管理费补贴很容易带来责任淡化、效率不高等问题，应主要采用保费补贴的方式。对于政策性的农业保险，需要估算政策性补贴的额度从而确定政府负担的能力[81]。对具体保费补贴金额计算的研究涉及小麦、水稻、玉米、棉花、奶牛和香蕉等[82]。

采用消费者剩余法分析农业保险的外部性或福利是较常见的方法[58,80,83-85]。消费者剩余为支付意愿与实际支付价格的差额，在一定的参保率下，对某些地区农业保险的财政补贴的确可能带来社会福利的净增加[58]。王保玲、孙健和江崇光（2015）通过对收入保险实施前后的对比分析，发现实施收入保险后费率降低，而保险需求、保费收入、保险深度和保险密度均有所增长[85]。套用传统消费者剩余法的框架分析农业保险福利有可能导致分析结果的偏差[86]，可尝试以效用最大化的福利分析框架采用确定性等值法来分析保险的效果。相对“问卷调查＋计量分析”的消费者剩余法，确定性等值法采用“典型农户构建＋数值模拟仿真”的方法，更加便捷、可操作性更好，能较好地衡量农业产量保险的效果[87]。林启渊（2001）采用幂次函数的期望效用模型，以单位面积净收益确定性等值变化来分析我国台湾地区农户参与水稻收入保险、价格保险和产量保险等方案的优劣，研究发现100％保障水平下的收入保险对一期稻作确定性等值提升最高，100％保障水平下的产量保险对二期稻作确定性等值提升最高，而价格保险对一期和二期稻作的确定性等值提升均为负数[88]。

1.2.4 简要述评

国内现有农业收入保险定价的研究多以全国或地市为例，而对作为农业管理重要部门的省级的研究较少；对产量保险支付意愿及其水平的单项研究较多，但较少涉及收入保险产品，将农户的农业保险支付意愿及支付意愿水平的影响因素纳入同一分析框架的不多。对农业保险效果的评价多集中在对补贴的必要性和额度测算上，对福利效应研究较少，且多采用消费者剩余法。现有研究在对象拓展、内容深入等方面对本书的研究有很好的启发。

（1）以区域收入保险为研究对象。随着粮食直接价格支持政策退出，收入保险将会成为未来农业政策性保险的重点。国外将农场设置为收入保险单位，但由于国内历年农场单产数据的缺乏，以地区而不是农场为单位进行收入保险费率厘定及产品设计是可行的选择。

（2）扩展研究视角，将收入保险风险定价与农户、政府等各方对收入保险的评价纳入分析框架中。现有的研究对保险定价、支付意愿以及效果评价等因素基本上是单独分析，将这些因素纳入一个框架，有利于增强对收入保险的全面认知。在支付意愿研究部分，将支付意愿及其水平的影响因素一并分析，有利于深入了解农户意愿，制定针对性政策措施。

1.3 研究的目标、对象和内容

1.3.1 研究目标

本书的总目标是分析现有粮食风险管理政策工具，探讨实行收入保险的必要性，从农户及政府等角度对经过风险定价的水稻收入保险进行模拟评价，为开展水稻收入保险提供决策参考。

具体目标包括：

（1）对现有粮食政策应对风险的作用进行评价，探讨实行水稻收入保险的必要性。

（2）分析美国农产品收入保险在管理机制、产品设计和补贴等方面的做法，总结成功经验，提出我国农产品收入保险发展的建议。

（3）模拟湖南各区县水稻价格风险和产量风险，据此对水稻收入保险进行费率厘定。

（4）以效用理论和计划行为理论为基础，从农户需求视角和政府经济效果评价视角，构建双方对水稻收入保险的评价模型，模拟分析农户的支付意愿、福利效用以及政府补贴效率。

1.3.2 研究对象

湖南区域水稻收入保险是本书的研究对象。水稻、小麦、玉米是我国三大粮食作物，也是中央最早要求开展农产品收入保险试点的品种。其中水稻和小麦是我国居民的主要口粮。2021 年，全国水稻产量 2.13 亿吨，是小麦产量的 1.55 倍。本书以水稻作为农产品收入保险的研究品种。

收入保险可以分为区域收入保险和个体收入保险。开展个体收入保险研究需要获得详细的农户产量数据，囿于数据的可获性，本书以区域收入保险为切入点。区域收入保险以整个区域实际损失的平均值为赔付基准，而每个投保农户的具体损失与区域损失平均值可能并不一致，这就造成了“基差风险”。一般而言，区域的范围越小，“基差风险”也越小，个体收入保险理论上不存在“基差风险”。我国实行中央、省及区县的三级农业保险管理体制，省、市以及区县等都是可选择的区域范围。一省或一市所涵盖的范围较广，区域内不同地区的地质、自然资源、灌溉等生产条件差异较大。为尽量减小“基差风险”，采取最小的区县为单位进行区域收入保险研究。本书将研究对象扩展到一省，研究全省不同区县的水稻收入保险，有利于进行横向比较。

水稻广泛种植于长江流域及其以南和黑龙江等东北地区，其中湖南省的水稻种植规模和产量连续多年保持全国第一。湖南有半高山、岗地、丘陵、盆地和平原等各种地貌，各种地貌所属地区的水稻种植条件有一定差异，利于进行区域水稻收入保险的比较。

1.3.3 主要研究内容

（1）实行收入保险的必要性。分析农业补贴政策、粮食最低收购价政策以及农产品产量保险在应对粮食价格和产量风险中的作用和不足，对收入保险的作用进行分析。

（2）总结美国农产品收入保险的先进经验。分析美国农产品收入保险的管理运行机制及农产品收入保险在价格、单产、费率以及补贴比例等方面的设计，并就典型的农业收入保险产品进行阐述，据此提出发展我国农产品收入保险的建议。

（3）湖南区县水稻产量和价格风险分析。分析湖南省水稻历年单产变化趋势、农作物成灾和受灾情况，明确造成湖南省水稻产量波动的主要灾害。采用非参数核密度信息扩散法计算湖南各个区县水稻的减产率并进行风险区划。描述水稻价格收益率数据的统计特征，分析水稻价格波动的特征，采用 VaR 方法求得水稻价格在一定置信区间的损失值。

（4）湖南区县水稻收入保险费率厘定。采用非参数核密度估计法求得湖南各区县水稻单产和价格的分布函数，分析价格和产量的线性关系，构建二者的 Copula 连接函数并进行选优。采用蒙特卡洛模拟法生成的单产和价格数据，以经验费率法厘定不同保障水平下湖南各区县水稻收入保险的纯费率。

（5）就已厘定费率的水稻收入保险产品，分析农户的支付意愿及其水平。

通过农户调查问卷收集相关数据，从户主个人特征、家庭生计资本、风险及保险产品认知等方面分析农户水稻收入保险支付意愿及其水平的影响因素。

(6) 就已厘定费率的水稻收入保险产品，进行经济效果的模拟评价。从保险公司角度出发，理论上分析收入保险与产量保险和价格保险在理赔成本上的差异。从农户和政府角度出发，采用确定性等值法模拟评价永州市零陵区水稻收入保险的经济效果，对比分析无政策、收入保险、产量保险以及价格保险等各种情况下的农户预期收入、确定性等值、财政支出额和补贴效率。

1.4 研究方法和技术路线

1.4.1 研究方法

本书拟采用理论分析与实证研究相结合的方法，既是对相关理论指导实践的具体实施，又可以得到具体实践的指导工具。书中所采用的主要方法如下：

(1) 问卷调查法。为获得农户对收入保险产品的支付意愿及其水平，探讨支付意愿及其水平的影响因素，对湖南省永州市零陵区富家桥镇、邮亭圩镇和梳子铺乡进行调查。其中种植面积 2 公顷及以上的种粮大户 75 户，种植面积 2 公顷以下的农户 264 户。对于部分种粮大户，由镇乡干部进行面对面的访谈；其余均在村“两委”开会时，进行统一填卷。调查问卷分为四个部分：第一部分是农户个人和家庭特征，第二部分是风险态度和认知，第三部分是保险认知，第四部分是支付意愿和支付水平。调查问卷具体见附录。采用多边界二分法获取农户水稻收入保险的最大支付意愿。

(2) 计量经济学方法。很多研究都表明水稻价格波动存在集聚性和非对称性等特征，本书对水稻月度价格收益率数据进行分析，建立了 ARCH 类模型来测定价格风险。在进行支付意愿及其水平的影响因素分析时，因支付意愿只有愿意和不愿意两种选择，采用 Probit 模型对支付意愿进行影响分析。在进行支付意愿水平分析时，考虑到没有支付意愿的农户也有支付意愿水平，为避免遗漏这部分样本，造成样本的选择性误差，采用 Heckman 两阶段选择模型对支付意愿水平进行分析。

(3) 统计分析方法。

①概率分析方法。利用二次多项式回归方法对水稻单产和价格进行趋势预测，将其调整为趋势单产和趋势价格，利用非参数核密度估计法对趋势调整后的单产和价格进行拟合。

②保险费率精算方法。设单产变量为 x，保障水平为 $a\hat{X}$，实际产量损失的期望值为：

$$E(x \mid x < a\hat{X}) \tag{1-1}$$

则期望损失为：

$$Expected\ Loss(x) = prob(x < a\hat{X})[a\hat{X} - E(x \mid x < a\hat{X})] \tag{1-2}$$

即：

$$Expected\ Loss(x) = \int_0^{a\hat{X}} (a\hat{X} - x) f(x) \mathrm{d}x \tag{1-3}$$

其中，$f(x)$ 为单产的概率密度函数，则保险费率为：

$$Premium(x) = \frac{Expected\ Loss(x)}{a\hat{X}} = \frac{\int_0^{a\hat{X}} (a\hat{X} - x) f(x) \mathrm{d}x}{a\hat{X}} \tag{1-4}$$

收入是单产和价格的乘积，因而是一个二维变量，设价格变量为 y，则收入为 xy，其概率密度函数为 $f(x,y)$。若保障水平为 c，则收入保险的纯费率为：

$$Premium(xy) = \frac{Expected\ Loss(xy)}{c} = \frac{\iint_{xy<c} (c - xy) f(x,y) \mathrm{d}x\mathrm{d}y}{c} \tag{1-5}$$

③Copula 方法。一般而言，单产和价格存在着负相关关系，收入 xy 的概率密度函数 $f(x,y) \neq f(x)f(y)$。根据 Sklar 定理，令 $F(x,y)$ 为具有连续边缘分布 $F(x)$、$F(y)$ 的联合分布函数，那么存在唯一一个 Copula 函数，满足：

$$F(x,y) = C[F(x),F(y)] \tag{1-6}$$

设 $c[F(x),F(y)]$ 为 $C[F(x),F(y)]$ 的密度函数，对上式求偏微分，则有：

$$f(x,y) = c[F(x),F(y)]f(x)f(y) \tag{1-7}$$

1.4.2 技术路线

本书按照“分析发现问题→理论分析→实证分析→解决问题”的逻辑和思路进行研究。具体的技术路线如图 1-1 所示，图中第一列表示研究思路，第二列表示研究内容与步骤，第三列表示研究方法。

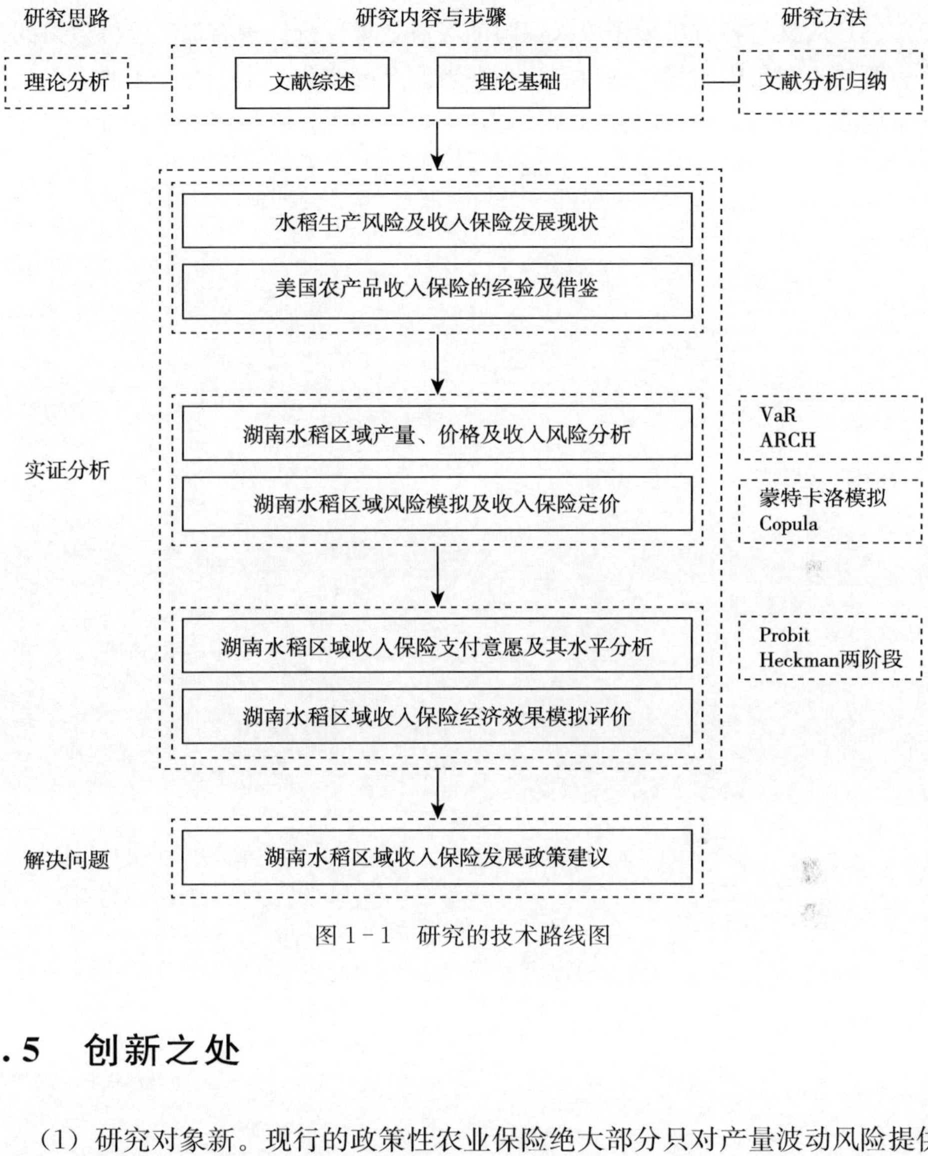

图 1-1 研究的技术路线图

1.5 创新之处

（1）研究对象新。现行的政策性农业保险绝大部分只对产量波动风险提供保障，不能有效地满足广大农户的需求，造成农户参保意愿较低、参保率不高。本书将反映价格波动风险和产量风险的相关因素一并考虑，以收入保险为研究对象。

（2）农户支付意愿研究更深入。对农产品收入保险支付意愿的现有研究较少，且仅仅就是否具有支付意愿进行分析，忽略了支付意愿水平的分析。本书更近一步，采用 Heckman 两阶段模型对农户水稻收入保险支付意愿及其水平的影响因素进行了分析。

（3）从参与各方扩展了收入保险的经济效果评价。现有保险经济效果的评价一般从福利角度出发，探讨农户消费者剩余的变化。本书分析了收入保险的理赔优势、消费者剩余以及财政补贴效率，扩展了保险经济效果评价。

2 基本概念、理论基础与分析框架

2.1 基本概念界定

2.1.1 农业风险

风险是指未来结果的不确定性，某一事件存在两种及以上的可能性时，就可以认为该事件存在风险。未来结果对预测者而言，可能是有利的，也可能是不利的。在保险理论与实务中，风险仅指损失的不确定性，这种不确定性包括发生与否的不确定、发生时间的不确定和导致结果的不确定。农业风险是人们在从事农业生产和经营过程中，由于自身无法控制的外在原因，导致所获得的经济收益低于预期收益的可能性。农业风险主要可以分为自然风险、技术风险和市场风险等。由于农业生产和经营主要在室外露天环境进行，这决定了农业活动依赖于自然界的力量，更容易受到外界自然环境的影响。人类现在拥有的技术手段尚未能有效克服自然界的不利影响，自然风险也被称为影响农业生产的最大风险。对于水稻生产而言，干旱、洪水、暴风雨、冰雹、病虫害等自然风险会造成水稻的减产。农业生产，特别是绿色农业生产需要有一定的技术手段支撑。育苗壮秧、灌溉、病虫害防治、施肥、收割和干燥等既是水稻生产需要经过的一系列过程，也是水稻生产的一系列技术手段。技术风险来源于技术手段的副作用，如对水稻施用农药过量可能对秧苗以及周边环境造成损害。市场风险是指由于市场供求不均衡、农产品价格波动、生产经营不善和信息不对称等造成的农户收益损失的风险。伴随着农产品价格管制的放松以及价格直接支持政策的退出，农产品价格的波动幅度和频率不断变大，市场风险也越来越大。

2.1.2 收入保险

《农业保险条例》对农业保险的定义是保险机构根据农业保险合同，对被保险人在种植业、林业、畜牧业和渔业生产中因保险标的遭受约定的自然灾害、意外事故、疫病、疾病等保险事故所造成的财产损失，承担赔偿保险金责任的保险活动。该条例所定义的农业保险主要是指产量保险。按照保险所覆盖的风险不同，农业保险还有价格保险和收入保险等。价格保险是指对由市场因素导致的农产品价格低于保障价格造成的收入损失提供补偿的保险。收入保险既保价格也保产量，无论是自然灾害等导致的单产下降或者是市场波动导致的价格下降，只要其造成了最终收入的下降，保险人都会提供赔偿。

农产品收入保险的经营主体包括作为投保人的农户，作为保险人的保险公司以及政府财政部门、监管部门等。对农产品收入保险而言，其投保人既有小农户，也有种粮大户以及合作社。收入保险的保险人主要是开展农业保险的商业保险公司，如人保财险、太保财险、安华保险等。政府财政部门作为农业收入保险的主要参与人，对投保人提供保费补贴。纳入中央财政政策性保险的农业保险产品，政府对保费的补贴比例可高达80%。根据2018年8月20日财政部等三部委印发的《三大粮食作物完全成本保险和收入保险试点工作方案》，对投保收入保险的农户最高补贴保费的70%。银保监会作为农业收入保险的监管部门，负责保险费率核定及产品审批，并为保险发展提供政策支持。

农产品收入保险的保障金额为投保人和保险人约定的当赔偿事件发生时保险人给予赔偿的金额。在水稻保险的实践中，其具体金额一般由保险人、投保人和政府财政部门共同决定。湖南省现有水稻产量的保障金额因水稻生产期的不同而不同，最高为5 400元/公顷。此保障金额远低于农户预期的实际收入，仅大致相当于水稻生产的物化成本。收入保险的保障金额以农户的预期收入为标准，可参考历史收入，通过单产和价格数据来确定。价格数据可以采用现货价格数据，也可以采用期货价格数据。单产数据采用农户历年数据最真实，也可以采用政府公布的地区单产数据作为依据。当单产数据采用农户单产数据时，为个体收入保险；采用地区数据时，为区域收入保险。区域收入保险能有效地减少保险市场的“逆向选择”问题[89-90]；对美国农产品保险的研究显示，对部分农作物而言，区域保险是对基于农场的个体保险的有效替代[91]。

农产品收入保险的保费为投保人和保险人约定的当赔偿事件发生时投保人为得到赔偿而在保险合约生效前支付给保险人的费用。收入保险的保费一般按照保障金额的一定比例进行收取，这笔费用除了包含覆盖赔偿事件损失的纯保费外，还需要加上保险人的经营管理费。纯保费与保障金额的比例即为保险的纯费率，而经营管理费一般按照纯保费的百分比进行计取。

2.2 理论基础

2.2.1 期望效用理论

Von Neumann J和Morgenstern O（1944）在公理化假设的基础上，提出

了理性人在不确定条件下进行决策选择依据的期望效用理论。假如决策者选择风险决策备择方案的过程符合效用公理，那么他一定是选择期望效用值最大的那项备择方案。期望效用理论可以这样表述："在存在不确定性，也就是存在风险的情况下，决策者根据方案或行为的预期效用大小进行选择"[92]。方案的预期效用大小根据决策者对方案可能出现的各种情况下的效用进行加权后得出，权重为各种情况出现的概率。

期望效用理论将风险因素引入到理性人的决策中来，描述了理性人在不确定性条件下以预期效用大小作为决策的依据。预期效用可以用下式表示。

$$U(X) = u(\sum_{i=1}^{n} p_i X_i) = \sum_{i=1}^{n} p_i u(X_i) \qquad (2-1)$$

其中，U 表示期望效用，u（•）表示效用函数；p_i 表示各种可能情况出现的概率，也就是权重；X_i 为各种情况下的财富值。

2.2.2　公共产品理论

公共产品（Public Good）是私人产品的对称，是指具有消费或使用上的非竞争性和受益上的非排他性的产品，也称为"公共物品"。非竞争性是指一部分人对某一产品的消费不会影响另一些人对该产品的消费，一些人从这一产品中受益不会影响其他人从这一产品中受益，受益对象之间不存在利益冲突。非排他性是指产品在消费过程中所产生的利益不能为某个人或某些人所专有，要将一些人排斥在消费过程之外、不让他们享受这一产品的利益是不可能的。公共产品的非排他性和非竞争性，要求公共产品的生产必须有公共支出予以保证，公共产品的经营管理必须由非营利组织承担。私人物品则是不具有非排他性和非竞争性的物品，私人物品的生产和经营管理由私人企业提供。

农业保险产品介于私人产品和公共产品之间，具有准公共产品的属性。农业保险具有利益外溢性，也就是正外部性。农户购买农业保险，能保障自己的收入，稳定农民就业和农业生产。而农业是国民经济的支柱性产业，农业风险损失得到补偿，农业才能保持稳定的发展，农产品才能得到稳定的提供，消费者才能得到稳定的农产品供给，社会稳定才有保证。农业保险的受益者不仅仅是农户，还包括农业产品的消费者和整个社会。可见，农业保险具有"非排他性"。农业保险产品的经营者在预测到农业保险风险将要发生时，会采取相应的措施进行风险的防范，将风险消灭在"萌芽"状态，这不仅使原有的承保户得到保障，其他处于同一范围内未参与保险的农户也因此得益。可见，农业保险具有"非竞争性"。农业保险的公共产品属性，造成了对社会收益的正外部性效应，必须通过财政补贴进行弥补。

2.2.3 理性行为理论

美国学者 Fishbein 和 Ajzen 于 1975 年提出理性行为理论（Theory of Reasoned Action，TRA）用于分析态度、认知如何有意识地影响个体行为，关注基于认知信息的态度形成过程。其基本假设是人是理性的，在做出某一行为前会进行信息分析和思考，根据所拥有的知识和信息进行决策[93]（图 2－1）。

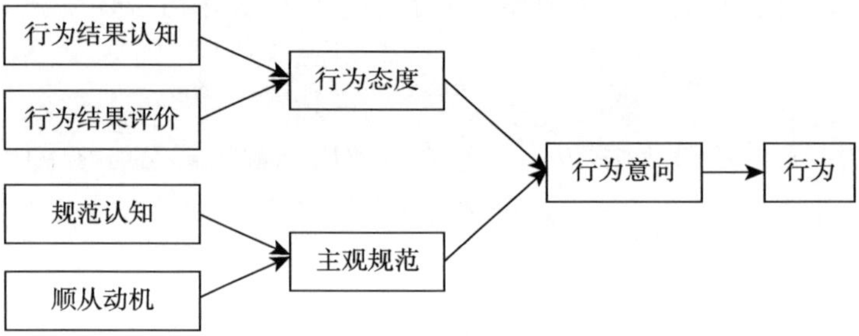

图 2－1　理性行为理论模型

理性行为人的个体行为意向是由行为态度和主观规范决定的。行为意向是个体采取某种行为的意愿，比如对收入保险的购买意愿。行为态度主要是个体的理性判断，而主观规范则体现了行为意向受到社会环境的影响。行为态度和主观规范都是导致行为意向发生的中间变量，行为态度主要与对行为结果的认知及价值估计有关，而主观规范则与对规范的认识和与他人意见保持一致有关。个体如果认识到采取某种行为能够导致较好的结果，或者能提升其价值(比如期望效用)，则其对该行为的采用意向就较为强烈。个体在采取行为时，会受到其他人的影响，比如亲属是否采取某种行为对其采取该行为有着一定影响。政府对该行为的一定规范，也会影响个体做出决策。政府对农业保险进行补贴、改变保障水平等均会导致行为意向的变化。

理性行为理论为研究个体行为意向提供了理论基础，能有效地预测个体行为意向，具有较强的实用性，在诸多领域得到了广泛应用。但是在实际应用中，人们发现个体的行为不仅仅受到个人的理性判断以及社会规范等的影响，还会受到很多因素的干扰。理性行为理论模型必须经过扩展，才能更好地对个体行为意向进行解释和预测。

理性行为理论主要阐述的是理性人的个体意志对行为意向和行为的影响。无论是行为态度还是主观规范都强调个体的想法，行为态度是个体自身对行为结果的认知，主观规范是个体对社会规范的认知。行为意愿还会受到客观条件认知的影响，比如个体收入不足以采用某种新技术时，其对该新技术的采用意愿就较低，采用行为可能不会发生。Ajzen 于 1998 年改进了理性行为理论，在模型中加入了控制变量，将其扩展为计划行为理论（Theory of Planned Behavior，TPB）。该理论认为除行为态度和主观规范外，影响行为意向的决定因素还有知觉行为控制[94]。知觉行为控制是个人对其所从事的行为的控制难易程度的感知，由控制信念和感知条件共同决定。控制信念是指个体对其所控制的资源、条件和机会感知到的可能影响采用某一行为意愿的心理感知，感知条件则是指个体对其所控制的资源、条件和机会对行为的影响程度的评估。计划行为理论模型见图 2-2。

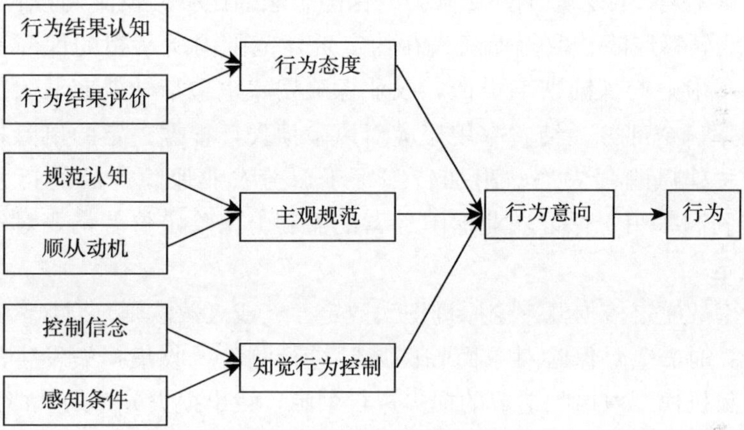

图 2-2 计划行为理论模型

2.3 理论分析框架

收入保险是农业补贴的“绿箱”政策之一，是应对主粮直接价格支持政策退出后的重要手段。农产品收入保险正在试点之中，在大规模推广之前有必要研究收入保险各参与方对保险产品的评价。水稻生产经营面临的风险大小如何？如何对风险进行定价？在收入保险产品设定后，是什么因素影响了农户对收入保险产品的支付意愿？这些因素在多大程度上影响着农户的支付意愿？纳入政策性保险范畴的农产品保险政府补贴多少？补贴是否促进了农户福利的增加？政府补贴是否具有效率？本书将从收入保险费率厘定、支付意愿影响因素以及经济效果评价三个方面进行理论分析。

2.3.1 收入保险定价的理论分析

稻农种植收入面临着价格和产量的双重风险，农业保险是分散农业风险的有效手段之一。我国目前的农业保险主要针对农作物的产量风险进行保险，在进行保险产品定价时，限于产量数据累积少以及保险精算技术缺乏，更多以经验来测算保险费率，加上保障水平低，各个地区采用的费率水平单一，这造成了农户缴纳费率与其要求的保障金额、各个地区的风险偏好脱节，存在着逆向选择和道德风险，影响了农户对保险产品的购买意愿。如保险费率过低，则保险公司产品长期运营存在困难。对保险产品的定价，也就是厘定的保险费率的高低是保险产品能否发挥效用的关键所在。

保险费率是投保人缴纳的保险费与保障金额的比率。投保人缴纳的保险费是投保人为转移风险、取得保险人在约定责任范围内所承担的保障而交付的费用。与一般财产保险费率类似，农业保险费率也包括纯费率、附加费率和预定利润率三个部分。纯费率用于应对风险损失，根据一定的风险损失率来计算，也称作风险损失率；附加费率用于覆盖农业保险产品的运营管理成本；预定利润率用于保证农业保险经营的盈利。保险定价就是要对纯费率部分进行厘定。

纯费率的厘定依据概率论原理即大数定律（或大数法则）对风险进行合理分摊。计算时需要对保险对象面临的风险进行测度，收集损失发生的相关数据，建立随机模型对风险造成的损失进行刻画，找出损失分布的规律。

纯费率就是风险损失率，作物单产的风险损失是通过作物单产的实际水平相对保障水平的减少幅度来计算的。所谓保险纯费率是指在一定保障水平下，期望损失与保障单产之间的比值。设预期单产为 q，保障水平为 λ，则保障单产为$\hat{Y}=\lambda q$，作物单产的密度函数为 $f(x)$。当实际单产低于保障单产时，损失发生，投保人得到赔偿。损失发生条件下，实际产量的期望值为 $E(x \mid x<\hat{Y})$，损失为$\hat{Y}-E(x \mid x<\hat{Y})$。期望损失为实际单产小于保障单产的概率与损失的乘积：

$$E(loss) = P(x<\hat{Y})[\hat{Y}-E(x \mid x<\hat{Y})] = \int_0^{\hat{Y}} f(x)\mathrm{d}x \times \left[\hat{Y}-\frac{\int_0^{\hat{Y}} xf(x)\mathrm{d}x}{\int_0^{\hat{Y}} f(x)\mathrm{d}x}\right]$$

$$= \int_0^{\hat{Y}} (\hat{Y}-x)f(x)\mathrm{d}x \tag{2-2}$$

保险纯费率为期望损失与保障单产的比值，即

$$r = \frac{\int_0^{\hat{Y}} (\hat{Y} - x) f(x) \mathrm{d}x}{\hat{Y}} \tag{2-3}$$

收入保险既保产量也保价格，是一个二元变量。按照上述公式进行费率厘定需要有收入的二元联合分布。构造二元联合分布可以采用二元概率分布函数方法、非参数方法和Copula方法。二元概率分布函数方法要求价格和单产具有相同的边缘分布函数，如正态函数、Gamma分布等，但实际单产和价格数据的分布类型并不总是一致的。非参数方法规避了边缘分布类型的选择，直接以观测数据估计总体的概率密度函数，虽然能很好地拟合实测数据，但预测能力相对不足。Copula方法通过边缘分布和相关性结构两部分来构造多维联合分布，能避免单产和价格分布函数不一致的问题，也具有较好的预测能力；但Copula函数由两部分构成，无法直接利用其函数表达式进行概率分析。因此，采用Copula函数构建联合分布后，需要利用Monte Carlo方法模拟生成大量的水稻单产和价格，利用经验费率的方法进行收入保险定价。

Goodwin B K（1994）对经验费率的定义是：农作物历年实际产量与理论产量的差值作为损失，损失与保障产量之间的比值为损失率，损失率的平均值就是作物单产的经验费率[95]。水稻收入保险则将模拟生成的水稻收入与保障金额的差值作为损失，求取损失与保障金额的比率的平均值作为保险纯费率。

利用Monte Carlo方法生成 n 对单产和价格数据，单产为 y，价格为 p，则收入 R 为 $R=py$。假设水稻收入保险的保障金额为 R^*，t 表示第 t 对数据，则水稻收入保险的经验费率 r 为：

$$r = \frac{1}{n} \sum_{t=1}^{n} \max\left(\frac{R^* - R_t}{R^*}, 0\right) \tag{2-4}$$

2.3.2 收入保险支付意愿影响因素的理论分析

计划行为理论认为影响行为意向的决定因素有行为态度、主观规范和知觉行为控制。行为态度是个体自身对行为结果的认知，主观规范是个体对行为社会规范的认知，知觉行为控制是个人对其所从事的行为的控制难易程度的感知。对于收入保险支付意愿而言，可以从上述三个方面引申出支付意愿的影响因素。行为态度主要是个体对行为意向结果的认知，可以引申为稻农对风险的态度及风险认知；主观规范则是个体受到外界的影响而产生的认知，主要是稻农对收入保险的认知；知觉行为控制是指行为人做决策时受客观条件限制，主要以农户的生计资本来表示，当然农户个体特征（如年龄、性别、受教育年限）也会影响稻农的行为决策，将农户特征作为控制变量。

根据计划行为理论可以得到农户水稻收入保险支付意愿的影响因素，但缺乏具体过程。计划行为理论是在理性行为理论的基础上扩展而来，因此结合理性人的假设和期望效用理论推导支付意愿的影响因素。

理性人的假设使得农户遵循期望效用最大化的原则来开展经营活动。对于是否购买区域收入保险产品，依据在于购买产品前后的效用大小比较。如果购买区域收入保险产品后的期望效用大于未购买的期望效用，则农户具有支付意愿。反之，农户没有收入保险产品的购买意愿。农户没有购买区域收入保险的期望效用可以用下式表示：

$$U_n = \iint_{0<pq<R} u[g(p)h(q) - C]\mathrm{d}p\mathrm{d}q \tag{2-5}$$

其中，U_n 为不购买收入保险的效用，p 为价格，q 为产量，R 为农户种植水稻可能的最大收入，$g(p)$ 为价格的概率密度函数，$h(q)$ 为产量的概率密度函数，C 为水稻种植的成本，$u(\cdot)$ 为效用函数。

当消费者购买保险时，假设保障水平为 R^*，单位保险费率为 f，投保面积为 S，收入低于 R^* 的概率为 α，则购买保险下的效用 U_b 为

$$U_b = u[\alpha(SR^* - Sf)] + \iint_{R^*<pq<R} u[g(p)h(q) - C - Sf]\mathrm{d}p\mathrm{d}q \tag{2-6}$$

当 $U_b > U_n$ 时，农户选择购买收入保险；反之，则选择不购买。根据式 2-5、式 2-6，可以看出农户收入保险购买意愿受到投保面积、保障水平、保险费率、风险大小、成本以及价格概率密度函数、产量概率密度函数等的影响。价格由供需决定，供需可以用产量的函数来表示。根据柯布—道格拉斯生产函数，产量概率密度函数受到投入的劳动力、资金以及土地面积等的影响。保障水平、保险费率和风险大小在计算农户收入效用的时候是按照确定数值来计算的。实际上不同的农户因性别、年龄、受教育程度的差异对保障水平、保险费率、风险等的认知是不一样的，认知不一样会导致效用的不一致，所以个人特征、对风险与产品认知以及家庭特征等均会影响收入保险的购买意愿。因此，将收入保险支付意愿的影响因素分为个体特征、家庭生计资本、风险与产品认知三类。

个体特征，其主要包括户主的性别、年龄、受教育程度等，对农户的保险支付意愿有影响。一般而言，女性对于风险更加敏感，风险规避性更强，比男性有更强的支付意愿。年龄对农户收入保险支付意愿既有正面也有反面的影响，年龄越大，见识越多，对风险、保险的认识更加趋向正面，越有意愿购买

保险。此外，按照我国的社会发展进程看，年龄超过 50 岁且从事水稻种植的农户的教育水平通常较低，对风险、保险的认知有限，可能将保险支出作为一个负担，这会降低对收入保险的支付意愿。受教育水平越高，对保险作为风险规避手段的作用认识就更加深刻，就更愿意购买收入保险。

生计是指一种生活的手段，家庭生计资本是指维持家庭生活的各种条件，包括家庭金融资本、自然资本、物质资本、人力资本和社会资本。金融资本描述了农户的财政状况，可以用家庭年支出、家庭年收入等来体现，金融资本直观地体现了农户对收入保险的消费能力。本书以家庭年收入来指代金融资本。自然资本指农户所耕种的稻田的大小。家庭所耕种的水稻面积越大，其能维持家庭生活的条件就越好。物质资本指农户拥有的耕种设备、房屋等相对较为固定的物质资产。拥有更多的耕种设备，农户的家庭生计更有保障。在访谈中，由于没有获得大部分农户对使用和租赁设备的次数、价值等资料，同时考虑到可以将租赁设备的费用以金融资本来体现，本书没有纳入物资资本指标。人力资本是指农户家庭所拥有的劳动力数量，劳动力数量越多，家庭生计资本就越高。社会资本是指农户家庭社会关系的多少，人际交往越多的农户家庭能接收到的关于收入保险的信息就越多，家庭与社会联系就更加密切，家庭生计资本水平也就越高。由于湖南水稻区域收入保险产品是一个正在开发的新产品，农户难以从其他农户、村干部等处获得该产品信息，本书暂不考虑社会资本。综合以上分析，家庭生计资本用家庭收入、家庭水稻种植面积以及家庭劳动力数量三个变量来体现。种植面积、劳动力数量反映了家庭投入到水稻种植上的资本。显然，投入资本越多，家庭的收入水平就越高，其支付能力就越强，支付意愿也会越强。

风险认知，其主要包括近 3 年遭受风险损失大小、风险态度、对价格和自然灾害等风险大小的认知。近 3 年遭受风险损失越大，对风险的认知就越深刻，就越可能购买保险。风险态度直观地体现了农户面对风险时期望采取的行动。风险偏好者更愿意自己面对风险，而不是采取规避风险的相关措施；而风险厌恶者愿意采用保险等手段来进行风险管理。风险态度越趋向于厌恶，则支付意愿就越强。收入保险既承担因价格下降造成的损失，也承担因产量下跌造成的收入下降。对由自然灾害、病虫害等造成的产量风险，对价格风险的认知也会影响支付意愿。显然，认为产量、价格风险越大的农户，越愿意通过收入保险来进行风险规避。

产品认知，其主要包括对产品的保险费率、保障水平和补贴比例的认知。收入保险是对原有产量保险的发展，有一定的替代作用。对现有产量保险的看法也会影响对收入保险的支付意愿。如果对现有产量保险的看法趋于正面，可能会增加对保险的认同，增加收入保险的购买意愿。同时，认可产量保险可能会削弱对收入保险的正面看法，产生替代作用。保险费率、保障水平和保费补贴比例的高低直接影响支付意愿的大小，保险费率越低、保障水平和补贴比例越高，农户支付意愿就越高。

2.3.3 收入保险经济效果模拟评价的理论分析

Von Neumann J 和 Morgenstern O（1944）最早阐述了期望效用理论，经过进一步的完善和发展，形成如下理论形式。

$$U(X)=E[u(X)]=\sum_{i=1}^{n}p_i u(x_i) \tag{2-7}$$

其中，X 为随机变量，p_i 为随机变量的取值为 x_i 时的概率。可以将期望效用理解为某个随机变量的效用等于它的随机值效用的均值。决策者进行方案选择时，往往选择使其效用最大的方案。上述的随机变量假设是离散的，当随机变量为连续时，$F(X)$ 为随机变量 X 的累积分布函数，则有：

$$U(X)=\int u(x)\mathrm{d}F(x) \tag{2-8}$$

效用函数 $U(X)$ 反映的是不确定情况下的效用，不利于对不同情况进行比较。因此将不确定的财富等价于一个确定性的货币数额，这样可以对效用进行确定性的比选，这个确定性的货币数额称之为确定性等值（Certainty Equivalent，CE）。此时有：

$$U(CE)=\int u(x)\mathrm{d}F(x) \tag{2-9}$$

确定性等值能货币化地反映农户的效用，是一个具体值，能有效地对收入保险前后的农户福利效用进行比较，也利于对不同类型保险产品之间的经济效果进行比较。

农户对风险态度不同，不确定资产给予农户的确定性等值也有所不同。风险态度主要包括风险厌恶、风险中立和风险偏好三种。风险厌恶者认为不确定资产给其带来的确定性等值要小于不确定资产本身的期望。如果认为两者一致，则为风险中立者。确定性等值大于不确定性资产本身期望观点的持有者是风险偏好者。风险厌恶者的效用函数与确定性等值关系见图 2－3。假设不确定资产取值只有 a 和 c 两种情况，取值概率均为 1/2，效用值分别为 $u(a)$ 和 $u(c)$，期望效用为 $\frac{1}{2}u(a)+\frac{1}{2}u(c)$，此时确定性资产的效用 $u(b)$ 大于不确定资产的期望效用。与不确定资产效用等值的确定性等值为 CE。

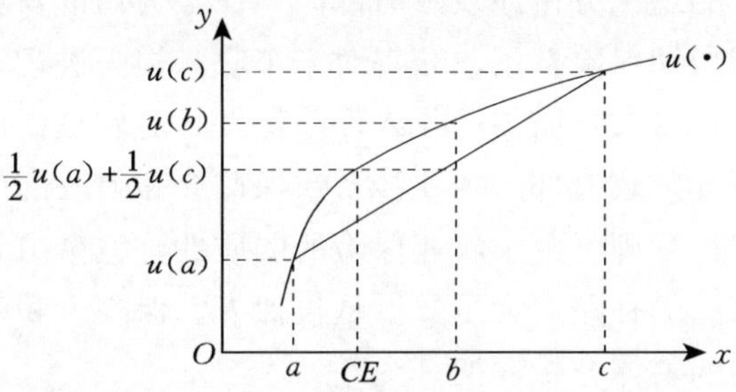

图 2-3　风险厌恶者效用函数与确定性等值

假定农户都是风险厌恶者，常用的期望效用函数有两种：绝对风险厌恶不变函数（Constant Absolute Risk Aversion，CARA）和相对风险厌恶不变函数（Constant Relative Risk Aversion，CRRA）[96]。设 W 为财富值，则 CRRA 的函数形式为：

$$\begin{cases} U(W) = \dfrac{1}{1-y}W^{1-y}, \text{当 } y \neq 1; \\ U(W) = \ln W^{1-y}, \text{当 } y = 1; \end{cases} \tag{2-10}$$

其中，y 为相对风险厌恶系数，

$$y = -W\frac{U''(\cdot)}{U'(\cdot)} \tag{2-11}$$

CARA 的函数形式为：

$$U(W) = 1 - e^{Wr}, r > 0; \tag{2-12}$$

其中 r 为绝对风险厌恶系数，

$$r = -\frac{U''(\cdot)}{U'(\cdot)} \tag{2-13}$$

从上述公式可知，相对风险厌恶系数是绝对风险厌恶系数与财富值的乘积。考虑到不同农户之间财富值不一致，为利于不同农户、不同产品之间的比较，采用绝对风险厌恶不变函数 CARA，则有：

$$U(CE) = E[U(W)] \tag{2-14}$$

$$1 - e^{(w_0+CE)r} = E[1 - e^{(w_0+w)r}] \tag{2-15}$$

$$CE = \frac{\ln\{1 - E[1 - e^{(w_0+w)r}]\}}{r} - w_0 \tag{2-16}$$

$$CE = \frac{\ln\{E[e^{(w_0+w)r}]\}}{r} - w_0 \tag{2-17}$$

上述公式中 w_0 为初始财富值，根据确定性等值的变化分析农户福利的变化，并与财政补贴投入进行比较，可以得到财政补贴效率。

以上三个部分的理论分析涉及政府部门、保险公司以及农户。农户作为投保人，向保险公司缴纳保险费用，获得对未来收入损失进行索赔的权利。保险公司作为保险人，接受农户缴纳的收入保险保费，对农户提供收入保险的销售及未来的理赔等服务。政府部门主要涉及银保监会和财政部门，农业保险资金补贴由财政部门进行管理。由于农业保险的弱质性，完全由农户缴纳保险费用并不现实，政府部门的补贴尤为重要。从投保人、保险人和政府部门三个角度出发考虑得到本书的整体分析框架（图 2-4）。

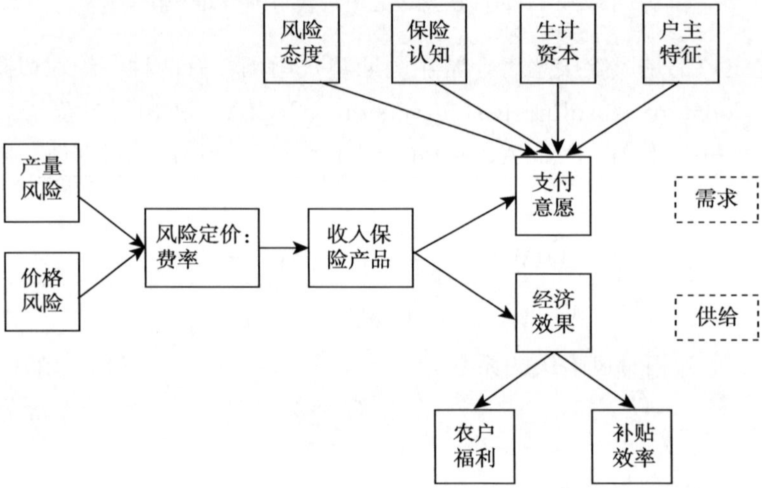

图 2-4　本书的分析框架

3 我国水稻生产风险及收入保险发展现状

3.1 水稻生产及面临的风险

3.1.1 我国水稻生产及分布

中国是世界上最早种植水稻的国家，古籍中有大量关于水稻的记载。成书于元代的《古今韵会举要》曰："芒谷，即今南方所食之米，水生而色白者。"两千多年前的《管子》中多次出现五谷，而水稻是五谷之一，如"积于不涸之仓者，务五谷也"。《管子》关于"神农教耕生谷，以致民利"的记载，说明有记载的水稻种植历史可追溯到五千多年前。《史记·夏本纪》关于"禹令益予众庶，稻可种卑湿"的记载，说明四千多年前，人们就懂得在潮湿低洼的地带种植水稻。晋代郭义恭的《广志》中有如何发展绿肥、培肥地力的记载，北魏贾思勰的《齐民要术》曾专述了水、旱稻栽培技术，这反映了魏晋南北朝的稻种技术已有较大进步。魏晋南北朝以后，经济重心南移，江南地区成为水稻生产的中心。农具改进、土壤培肥、稻麦两熟和品种更新等新工具、新方法的运用使得我国初步形成了完整的水稻栽培体系。新中国成立以来，继承原有的精耕细作等优秀传统，运用杂交等现代农业科学技术，我国水稻产量有了较大提高。从图 3－1 可以看出，1949 年我国水稻单产仅为 1 892 千克/公顷，到

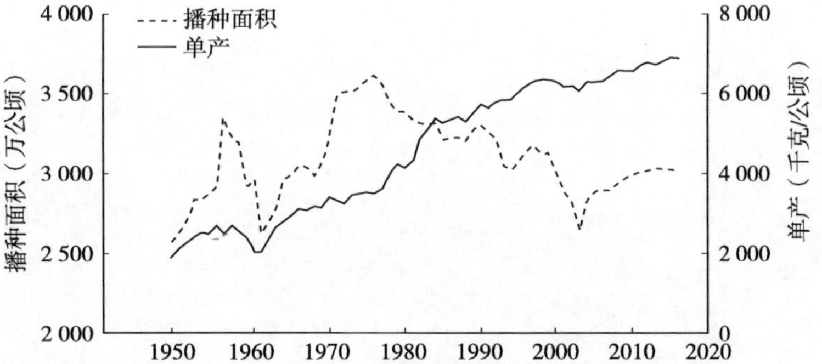

图 3－1 新中国成立以来我国的水稻生产情况

表 3-1 2016 年全国水稻种植情况

地区	早稻			中稻和一季晚稻			双季晚稻			水稻合计		
	产量（万吨）	面积（万公顷）	单产（千克/公顷）	产量（万吨）	面积（万公顷）	单产（千克/公顷）	产量（万吨）	面积（万公顷）	单产（千克/公顷）	产量（万吨）	面积（万公顷）	单产（千克/公顷）
湖南	834	142	5 872	832	121	6 900	936	146	6 416	2 602	409	6 370
黑龙江				2 255	320	7 041				2 255	320	7 041
江西	786	137	5 757	299	43	7 033	928	153	6 079	2 013	332	6 069
江苏				1 931	230	8 416				1 931	230	8 416
湖北	216	41	5 245	1 194	131	9 126	284	41	6 905	1 694	213	7 947
四川				1 558	199	7 830				1 558	199	7 830
安徽	98	18	5 558	1 197	188	6 363	108	21	5 141	1 402	227	6 188
广西	530	88	5 994	97	15	6 614	511	93	5 493	1 137	196	5 803
广东	533	89	5 981				554	100	5 555	1 087	189	5 756
云南	27	5	5 462	627	104	6 010	18	4	4 815	672	113	5 946
吉林				654	78	8 378		0		654	78	8 379
浙江	74	12	6 390	441	58	7 621	79	12	6 359	594	82	7 256
河南				542	66	8 278				542	66	8 277
重庆				511	69	7 378				511	69	7 377
辽宁				485	56	8 615				485	56	8 615
福建	102	17	6 027	188	30	6 238	181	30	6 075	471	77	6 128
贵州				431	67	6 384				430	67	6 385
其他	78	14	5 701	520	67	7 748	71	15	4 670	669	96	6 961
合计	3 278	562		13 761	1 841		3 669	615		20 708	3 018	

数据来源：国家统计局网站。

2016 年，水稻单产达 6 866 千克/公顷，是 1949 年的 3.6 倍，年复合增长率达 1.99%。除 1960—1962 年，水稻单产较 1959 年有明显下降外，水稻单产保持稳定的增长态势。由于基数低，改革开放前水稻单产的复合增长率为 2.26%。1978—2016 年的复合增长率为 1.51%。水稻播种面积从 1949 年的 2 571 万公顷增长到 2016 年的 3 075 万公顷，增长了 19.60%。

我国陆地幅员辽阔，水稻种植地域广泛。从最北边的黑龙江到最南边的海南，从最东边的台湾到最西边的新疆，均有水稻种植。我国的稻谷在生产上大体可划分为南北两大稻区，以秦岭—淮河分界。秦岭—淮河分界线以北的北方稻区基本上种植粳稻，主要包括黑龙江、吉林和辽宁。秦岭—淮河分界线以南的南方稻区以种植籼稻为主，籼粳并存，主要包括长江流域的湖南、湖北、安徽、江西、江苏、浙江、四川以及两广、福建等华南地区以及西南地区的云南、贵州。我国水稻种植分布区域以南方稻区为主，且越来越向长江中下游和黑龙江等水稻优势产区集中。2016 年全国各地水稻种植情况见表 3-1。

2016 年，南方稻区约占我国水稻播种面积的 79%，水稻产量的 77%，其中长江流域水稻播种面积占全国的 60%，产量占全国的 61%。在水稻品种方面，地处华南的两广地区以早稻和双季晚稻为主，西南地区的贵州、云南、四川、重庆，东北地区的黑龙江、吉林、辽宁，华东地区的江苏、安徽、浙江和华北地区的河南均以中稻和一季晚稻为主，湖南、江西、福建等地早、中、晚稻均有大量种植。湖南省是我国水稻种植面积最大的省份，也是水稻产量最大省份，早稻、中稻和晚稻的种植面积分布较为均衡[97]。

3.1.2　湖南水稻生产情况

湖南省处于我国的东南腹地，因位于长江中游、洞庭湖以南而得名，东接江西，南邻两广，西连贵州、重庆，北交湖北。湖南全省辖 14 个市（州），122 个县（市、区），地貌以山地为主，山地、丘陵及岗地占 80%，平原及水面占 20%。湖南省是全国著名的鱼米之乡，享有“湖广熟，天下足”的美誉。据国家统计局网站数据，2016 年底湖南省粮食作物播种面积达 501 万公顷。水稻是湖南粮食作物的主要品种，播种面积占所有农作物播种面积的 50%以上，稻谷产量连续多年居全国首位。湖南具有适宜水稻生长的光照、水分、温度和空气等自然条件。全省拥有湘江、资水、沅水和澧水等四大水系，河网密布，水系发达，覆盖全省 95%以上县市及 30%以上乡镇，湘北的洞庭湖为全国第二大淡水湖。湖南属亚热带季风湿润气候，光热充足，雨量丰沛。2016 年全省年平均气温为 17.7℃；日照时数 1 460.9 小时，年平均降水量1 611.9 毫米。

截至 2016 年底，全省有林地面积 1 258 万公顷，森林覆盖率 59.64%。

从图 3－2 可以看出，湖南省水稻种植面积在 2003 年之前一直呈下降态势，2003 年水稻种植面积为 341 万公顷，较 1980 年下降了 23%。2004 年之后水稻种植面积逐年上升，至 2016 年已经达到 1980 年的 92%。分品种看，中稻和一季晚稻种植面积上涨较快，从 1980 年的 48.4 万公顷增长到 2016 年的 126.3 万公顷，增长率 161%。而早稻、双季晚稻种植面积减少较为明显，分别从 1980 年占水稻种植面积的 43%和 45%变为 2014 年的 35%和 36%，各自的种植面积分别较 1980 年下降 22%和 23%。

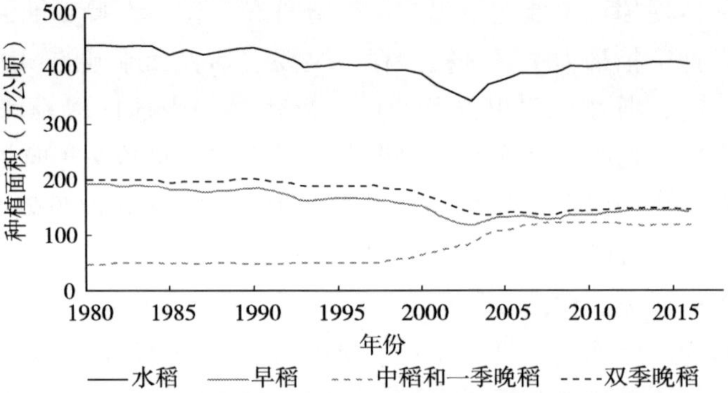

图 3－2　1980—2016 年湖南水稻种植面积

从水稻单产来看，早稻、中稻和一季晚稻、双季晚稻 2016 年的单产分别为 5 873 千克/公顷、6 899 千克/公顷、6 415 千克/公顷。显然，中晚稻的单产要比早稻单产更高。从 1980 年开始的 36 年内，早稻、中稻和一季晚稻、双季晚稻的单产分别增长了 21%、53%和 64%，复合年增长率分别为 0.56%、1.26%和 1.46%。可见，中晚稻的单产增长较为明显。水稻单产在 1988 年、1998 年和 2002 年均有 3%以上的降幅，但是整体仍为增长趋势，年均复合增长率为 1.10%（图 3－3）。

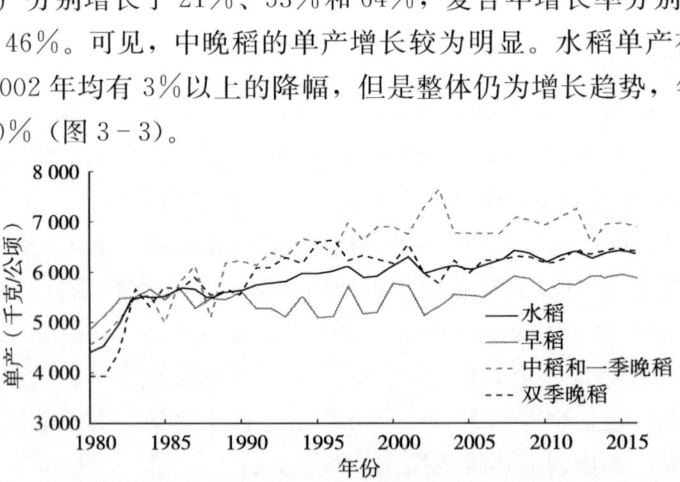

图 3－3　1980—2016 年湖南水稻单产

3.1.3 水稻生产面临的风险

农业是国民经济的基础产业，大部分农作物生产周期长，生产过程高度依赖自然环境，又处于完全竞争的市场中，是一个典型的风险行业。水稻生产作为湖南省农业的重要组成部分，面临着来自各方面的风险，主要有自然风险、市场风险和技术风险等，其中自然风险影响较大。

水稻生长的各个阶段均需要适宜的光照、温度、水分、空气以及营养条件，而光照、温度、水分和空气等自然条件的好坏及其变化在一定程度上存在不可预测性。现有的农业基础设施尚不能完全抵御自然灾害的侵害，农作物单位面积产量仍会受到自然灾害的影响。水灾、旱灾、低温冷害、风雹灾及病虫害等5种自然灾害是影响湖南水稻产量的主要因素[98]。1997—2016年湖南省年平均农作物播种面积为808万公顷，年平均受灾面积为210万公顷，占农作物播种面积的26%；成灾面积约116万公顷，占农作物播种面积的14%；成灾面积占受灾面积的55%。受灾率和成灾率最高的年份是2008年，分别高达59%和38%；最低的年份是2015年，分别为9%和5%。20年中，受灾率超过30%的年份有7个，成灾率超过15%的年份有8个，给农作物生产造成了较大损失。受灾率和成灾率较高，说明自然灾害多，农作物生产面临的不确定性多，风险较大。

洪涝和干旱是湖南省农作物生产面临的主要自然灾害，持续时间较长，影响范围较广。1997—2016年的平均数据显示，洪涝和干旱造成的成灾面积和受灾面积均超过自然灾害导致的成灾面积和受灾面积的80%。除洪涝和干旱外，冷冻、风雹、病虫害也是造成湖南农作物受灾的自然灾害因素，尤以冷冻为甚。2008年1月12日至2月15日，来自孟加拉湾的暖湿气流与大陆高压在南方上空对峙，形成稳定的“逆湿层”，叠加“拉尼娜”，致使湖南发生了一次极端异常气候事件，遭遇了50年一遇的特大低温冰冻灾害，低温雨雪冰冻天气持续时间超过24天，14个市（州）122个县（市、区）均遭受冰雪极端天气影响，其中74个县（市、区）达到重度冰冻，93个县（市、区）达到严寒标准。当年农作物冰冻受灾面积317万公顷，占当年农作物受灾面积的71%，此次冷冻灾害对农业生产造成了极大损失。1997—2016年湖南省农作物受灾面积和成灾面积见表3-2。

除产量风险外，从事水稻生产的农户也面临日益严峻的市场风险。近些年国内粮食市场持续低迷，国内外粮食价格倒挂，粮食库存量、进口量处于高水平[99]。据全国农产品成本收益资料统计，2012—2017年，稻谷价格疲软，

2017年的稻谷价格相对2012年还有所下降，水稻种植户面临较大的市场风险。2008—2017年水稻价格变化见表3-3。

表3-2 1997—2016年湖南省农作物受灾和成灾面积及比例

年份	播种面积（万公顷）	受灾面积（万公顷）	受灾率（%）	水灾受灾面积（万公顷）	旱灾受灾面积（万公顷）	成灾面积（万公顷）	成灾率（%）	水灾成灾面积（万公顷）	旱灾成灾面积（万公顷）
2016	834	138	16	114	0	58	7	48	0
2015	836	77	9	76	0	42	5	41	0
2014	840	114	14	104	0	66	8	62	0
2013	835	305	36	45	208	155	19	16	113
2012	830	123	15	76	0	63	8	54	0
2011	818	237	29	50	119	96	12	23	47
2010	806	284	35	228	35	140	17	108	22
2009	785	182	23	56	75	63	8	17	30
2008	761	447	59	67	49	284	37	28	16
2007	740	218	29	50	126	148	20	35	95
2006	729	224	31	94	33	125	17	62	20
2005	798	207	26	50	84	118	15	30	54
2004	789	113	14	63	22	58	7	43	7
2003	773	274	35	83	168	174	22	55	107
2002	779	281	36	198	26	186	24	137	17
2001	793	175	22	58	105	110	14	39	63
2000	800	155	19	33	93	69	9	16	40
1999	803	154	19	107	22	94	12	69	11
1998	794	361	45	213	98	185	23	141	27
1997	801	148	19	65	54	78	10	40	29
平均	797	211	26	91	66	116	15	53	35

注：数据来源于湖南统计年鉴。在作物生长期内，由于自然灾害导致农作物减产超过10%的面积成为受灾面积，由于自然灾害导致农作物减产超过30%的面积成为成灾面积。

表 3-3　2008—2017 年水稻价格变化

年份	销售价格（元/千克）	变化率（%）
2008	1.902 2	—
2009	1.981 6	4.17
2010	2.360 0	19.10
2011	2.690 6	14.01
2012	2.761 4	2.63
2013	2.730 4	−1.12
2014	2.812 6	3.01
2015	2.760 4	−1.86
2016	2.735 8	−0.89
2017	2.757 0	0.77

数据来源：历年《全国农产品成本收益资料汇编》。

3.2　水稻收入风险管理政策工具及收入保险的必要性

为激发种粮农户的积极性，保证粮食生产，国家出台了一系列的粮食支持政策应对种粮收入风险，主要有农业补贴、农业保险以及粮食最低收购价等。农业补贴主要是为了激发农户种粮的积极性，更多的是事前补贴，一定程度上能弥补收入的损失。传统的农业产量保险只能应对粮食产量风险，粮食最低收购价则用来应对价格波动风险。

3.2.1　农业补贴

自 2004 年起，国家开始实行农作物良种补贴、种粮农民直接补贴和农资综合补贴三项补贴政策，加上农资综合直补，形成了以“四补贴”为主的农业补贴政策。农业补贴政策实施以来，对激发种粮农户积极性、稳定粮食生产起到了积极作用，但是该政策的实施效应正在逐渐减退。在一些地方，农业补贴政策演变成了针对承包户的直接收入补贴，种粮不种粮，都能领取补贴；土地流转出去后，仍然能领取补贴，而土地流入的种粮大户、家庭农场等新型经营主体却只能领取少量补贴。同时，考虑到我国作为世贸组织成员，增加乃至继续维持现有补贴水平的空间已经越来越小。为此，财政部和农业部于 2015 年 5 月发布《关于调整完善农业三项补贴政策的指导意见》，将直接面向收入的三项补贴合并为“农业支持保护补贴”，将补贴目的调整为支持耕地地力保护和粮食适度规模经营。将80%的农资综合补贴存量资金、种粮农民直接补贴和农作物良种补贴资金用于耕地地力保护，补贴对象为所有拥有耕地承包权的种地农民，享受补贴的农民要做到耕地不撂荒，地力不降低。将20%农资综合补贴资金、种粮大户补贴试点资金和农业“三项补贴”增量资金，统筹用于支持粮食适度规模经营。根据《湖南省农业“三项补贴”改革试点方案》（湘政办发〔2015〕72号），2018年湖南的耕地地力补贴标准为：种植非双季稻作物的耕地地力保护补贴标准为每亩*每年105元；种植双季稻的耕地地力保护补贴标准为每亩每年175元。适度规模经营补贴则由各个区县根据中央财政下拨的资金进行测算，2018年永州市零陵区、冷水滩区对种粮大户、家庭农场以及合作社按照耕地面积进行适度规模经营补贴，标准均为每亩60元。

原有的农业三项补贴政策直接针对农户收入进行，对应的是我国粮食生产以家庭联产承包生产为主的情形，可以降低种粮户的生产成本，增强农户抵御风险的能力。但随着适度规模经营的开展，现有农业补贴政策的目标已经转为保护耕地地力和鼓励适度规模经营。农业补贴政策的风险应对功能进一步削弱。

3.2.2 粮食最低收购价

2004—2006年，我国粮食生产连续丰收，粮食库存量高企，粮食价格面临较大的下行压力。为避免“谷贱伤农”，也为了支持农业发展，我国自2004年以来在粮食主产区就稻谷和小麦等主粮作物实行最低收购价政策。当粮食市场价格低于年初规定的最低收购价时，国家委托符合一定资质的粮食企业，按照最低收购价购入农户的粮食。2008—2018年，国家连续7次上调了稻谷的最低收购价。实行最低收购价，保证了农户不至于在粮食产量提高情况下低价卖粮，规避了粮食价格风险，稳定了种粮农户收入。近年来，受国内经济增速放缓和国际市场粮食价格下跌的影响，粮食市场出现了国外产品低价涌入、国内部分农作物生产过剩的现象。只升不降的最低收购价政策已经到了难以为继的局面（黄季焜，2015；程国强，2016）。国家也从2016年起连续3年调低了稻谷的最低收购价。2018年三等早籼稻的最低收购价仅为2.4元/千克，较2017年下降了7.7%。由于粮食进口量的激增和国内经济步入新常态等原因，最低收购价没能扭转粮食价格下跌趋势，保护种粮

* 亩为非法定计量单位，15亩为1公顷。——编者注

农户收入的作用变弱（表 3-4）。

表 3-4　2008—2018 年稻谷最低收购价情况

年份	三等早籼稻		中晚籼稻		粳稻	
	价格（元/千克）	变化率（%）	价格（元/千克）	变化率（%）	价格（元/千克）	变化率（%）
2008	1.54	10.0	1.58	9.7	1.64	9.3
2009	1.80	16.9	1.84	16.5	1.90	15.9
2010	1.86	3.3	1.94	5.4	2.10	10.5
2011	2.04	9.7	2.14	10.3	2.56	21.9
2012	2.40	17.6	2.50	16.8	2.80	9.4
2013	2.64	10.0	2.70	8.0	3.00	7.1
2014	2.70	2.3	2.76	2.2	3.10	3.3
2015	2.70	0.0	2.76	0.0	3.10	0.0
2016	2.66	−1.5	2.76	0.0	3.10	0.0
2017	2.60	−2.3	2.72	−1.4	3.00	−3.2
2018	2.40	−7.7	2.52	−7.4	2.60	−13.3

数据来源：周杨，邵喜武．改革开放 40 年中国粮食价格支持政策的演变及优化分析 [J]．华中农业大学学报（社会科学版），2019（4）：15-24.

3.2.3　水稻产量保险

农业保险是处理农业非系统性风险的重要财务安排，是市场经济条件下现代农业发展的三大支柱之一，是世贸组织允许的支持农业的“绿箱”政策之一。自 2004 年中央 1 号文件提出要“加快建立政策性农业保险制度”以来，我国农业保险取得了较快发展。2013 年我国农业保险承保主要农作物突破 6 667 万公顷（合 10 亿亩），占全国主要农作物播种面积的 42%，农业保险提供风险保障突破 1 万亿元。保费收入 306.6 亿元，支付赔款 208.6 亿元，分别较 2004 年增长 81 倍和 74 倍（保监会，2014）。湖南现有水稻种植保险针对的是产量风险，保障因人力无法抗拒的自然灾害直接造成的水稻产量损失。保障金额因水稻种植期而异，最高每公顷 5 400 元。保险费率为 5%，每公顷保费 270 元，见表 3-5。水稻产量保险纳入中央补贴险种，由中央财政补贴 45%、省级财政补贴 30%。

表 3-5　湖南省现有水稻产量保险产品情况

项目	苗期	分蘖拔节期	成熟期
保障水平（%）	79	89	100
保障金额（元/公顷）	—	5 400	—
费率（%）	—	5	—

现行的水稻产量保险主要存在的问题在于保障金额过低，每公顷 5 400 元（合每亩 360 元）的保障金额仅约为实际收入的 1/3。据《2018 年全国农产品成本收益资料汇编》，2017 年每亩水稻的物质与服务成本为 498 元，水稻产量保险的保障金额尚不能补偿物质与服务成本，亟须能有效覆盖所有物质与服务、土地成本、人力成本甚至包括适当的种植利润的新型水稻保险产品。

3.2.4　政策工具比较及收入保险必要性

2013 年保监会在《关于进一步贯彻落实〈农业保险条例〉做好农业保险工作的通知》中“鼓励各公司积极研究开发天气指数保险、价格指数保险、收入保险等新型产品”。历年的中央 1 号文件均对农业保险提出要求，2016 年中央 1 号文件扩展了农产品保险类型，提出要“探索收入保险、天气指数保险试点”，这是中央文件第一次将收入保险纳入农业保险体系。2017 年中央1 号文件则要求收入保险从“试点”更进一步到“制度建设”，要“探索建立农产品收入保险制度”。2018 年中央 1 号文件将上一年文件中的目标价格保险试点更换为收入保险，提出要探索开展稻谷、小麦、玉米三大粮食作物收入保险试点。接下来结合表 3-6，比较各类水稻支持政策，分析发展水稻收入保险应对水稻产量及价格风险、促进粮食价格机制改革的必要性。

表 3-6　水稻风险管理政策工具比较分析

项目	农业补贴	最低收购价	产量保险	收入保险
政策目标	保护耕地地力、促进适度规模经营	稳定粮食供应	弥补产量损失导致的物化成本	弥补收入不足
覆盖风险	—	价格风险	产量风险（物化成本部分）	价格、产量风险
世贸组织政策类型	“黄箱”	“黄箱”	“绿箱”	“绿箱”

（1）有效应对价格和产量风险。就政策目标而言，农业补贴和最低收购价并不是针对水稻产量和价格风险，农业补贴侧重对规模经营的引导，保护耕地

地力，并不对粮食的产量及价格损失进行弥补。最低收购价政策虽能应对粮食价格风险，但是最低收购价所考虑的因素较多，不能完全应对价格下跌，且近年最低收购价连续下调，其应对粮食价格风险的作用变弱。产量保险能有效应对粮食产量风险，但现行产量保险的保障金额较低，对产量损失的补偿程度还有待提升。收入保险以粮食预计收入为保障金额，此预计收入水平参照近年实际收入设定，标准高。当投保年份的实际收入低于保障收入时，无论是产量还是价格，或者产量和价格同时作用引致的收入不足，均可以得到赔偿。相比产量保险和最低收购价，收入保险能更好地应对产量和价格风险。

（2）促进水稻价格机制改革。现行的粮食价格机制是在粮食最低收购价和临时收储政策基础上制定的，“看得见的手”决定着粮食市场，市场参与度不足，这在一定程度上造成了粮食价格机制的扭曲，使得资源错配。粮食市场价格改革的目标需要实现价补分离，而价格由市场决定。实行收入保险制度，将原来对粮食最低收购价的补贴转移到收入保险补贴中来，最大限度地降低政府对市场价格的干扰，有利于我国粮食价格机制改革。

（3）规避世贸组织“黄箱”政策。我国为世贸组织成员，对农作物的综合支持不得超过农作物生产总值的8.5%。农业补贴以及最低收购价均为世贸组织规定的“黄箱”政策，加上临时收储政策，再增加新的农业补贴的空间有限。而农业保险补贴属于“绿箱”政策，加大收入保险的补贴力度，并不会触及8.5%的红线。

3.3 水稻收入保险的可行性分析及我国农产品收入保险发展现状

3.3.1 水稻收入保险的可行性

农产品收入保险的可行性可从供求两方面进行分析。需求方面，农户是否具有支付意愿？供给方面，保险公司是否能够赢利？农作物收入保险作为政策性保险，政府是事实上的供应方，政府的财政支持至关重要。保险公司赢利的关键在于保险费率，保险费率是在厘定纯费率的基础上加上一定的经营管理费和利润，所以能否厘定收入保险费率是收入保险计划运行的基础。区别于产量风险的是，收入风险包含了产量风险因子和价格风险因子，而且在厘定收入保险费率时，产量和价格数据是一一对应的。政府的财政补贴是农户具有保险支付意愿的重要因素。庹国柱和朱俊生（2016）提出了发展农作物收入保险的五大条件：农产品交易的完全市场化，较好的农作物产量数据和产量保险的经验，充分的价格数据和交易量足够大的完善的期货市场，保险费补贴和大灾风险条件下的政府支持，严格有效的法律规范和保险监管[23]。Muhr L（2011）总结出中国发展农作物收入保险需要满足的三个基本条件：丰富的区域产量和价格数据，高效的价格发现途径，有力的财政支持。因而，对于收入保险而言，丰富的价格和产量数据、价格数据的有效性以及有力的财政支持是满足其可行性的主要条件[100]。

（1）丰富的价格和产量数据。对于区域产量数据，国家、省以及市统计局有1950年至今的完善的稻谷产量以及播种面积相关数据，区域单位从县、省到全国，这些数据由国家统计部门调查产生，准确性有保证。鉴于我国长期以小农户为水稻种植主体，缺乏对农户层面数据的收集整理。党的十八大以来，种粮大户、家庭农场以及农民专业合作社等新型农业经营主体不断涌现，农户层面的数据正在不断积累过程中，由于统计的范围只涉及一个经营主体，农户层面的产量数据相对区域产量会更加精准。

（2）价格数据的有效性。Cole J B 和 Gibson R（2010）认为适合收入保险的价格数据应满足5个条件：①标准化（Standardization），交易商品的数量和质量是标准化的；②可验证（Verifiable Pricing），价格指标易于计算和验证；③易于获取（Frequent Price Dissemination），价格数据应该频繁发布于公众媒体；④竞争性确定（Competitive Price Determination），价格完全由市场决定，不受其他力量的操控；⑤具有价值表征（Value Representation），能较好地反映商品价值[36]。水稻作为主粮产品之一，其价格长期受到国家调控，2004年国家全面放开粮食市场价格后，水稻市场上存在稻谷最低收购价、批发市场价格、零售价格以及期货市场价格等价格类型，其中最低收购价、批发市场价格和零售价格均为现货市场价格。稻谷最低收购价作为现货市场基础性价格，影响着稻谷批发市场价格和零售价格。最低收购价由政府参考市场价格在稻谷收购前制定，并不完全由市场决定。批发市场价格和零售价格除了受最低收购价影响外，国家的粮食储备也对其造成影响。可见，采用现货市场价格尚不能完全满足 Cole J B 和 Gibson R（2010）对收入保险价格数据的要求。

稻谷期货市场价格数据对应的交易商品的数量和质量是标准化的，价格数据实时公布在商品交易所网站，能较好地反映稻谷的未来价值。收入保险的保障价格实际上是对未来市场价格的预测，期货市场的价格发现功能较好地契合了收入保险对价格数据的要求。美国收入保险产品均以交货月的日期货价格的月平均数作为价格数据基础[32]，也有国内学者采用大连商品交易所黄大豆

1 号期货合约价格作为收入保险价格数据[35]。

（3）有力的财政支持。收入保险作为应对价格风险的重要手段，受到政府的重视。2016 年中央 1 号文件提出要“探索收入保险试点”。由于水稻收入保险属于新开发的保险产品，所以尚未纳入中央财政补贴险种，但试点地区的地方财政给予了强有力的支持。2016 年常州武进区的水稻收入保险补贴由区、镇两级分别按照保费的 60％和 20％进行补贴。2017 年中央 1 号文件要求“探索建立农产品收入保险制度”。2018 年中央 1 号文件则要求开展稻谷收入保险。2018 年 8 月 20 日，财政部、农业农村部、银保监会在《三大粮食作物完全成本保险和收入保险试点工作方案》中规定“原则上农户自缴保费比例不得低于全部保费的 30％”，中央财政开始对水稻收入保险进行保费补贴。待试点工作结束后，预计水稻收入保险将会纳入中央财政补贴的农业保险品种中，财政对水稻收入保险的支持力度会进一步加大。

3.3.2　我国农产品收入保险发展现状

我国的农产品收入保险于 2016 年开办，目前已经在江苏常州武进区、苏州张家港市以及四川崇州市等地开展了水稻收入保险试点，在黑龙江、内蒙古等地开展了大豆农产品收入保险产品试点，在重庆开展了玉米收入保险。水稻收入保险一般以试点地区历年单产数据、水稻最低收购价来设置赔偿的触发收入（保障金额），而大豆收入保险针对的是具体农场，以农场历年单产数据和期货市场价格设置保障金额。各类收入保险的保障水平从 85％到 100％不等。由大连商品交易所支持的大豆收入保险为纯商业保险，黑龙江、内蒙古两地试点的费率分别为 9.54％和 10.67％。武进区和张家港市水稻收入保险的费率为 6％和 5％。

江苏常州武进区、苏州张家港市和四川崇州市进行水稻收入保险试点，但各地的保障金额、保险费率、保费补贴主体均有所差异。人保财险推出的武进区水稻收入保险，以三等粳稻国家最低收购价 3.1 元/千克、武进区全区正常年景 3 年的平均产量 9 675 千克/公顷作为预期价格和预期单产，保障水平为 90％，保障金额为 27 000 元/公顷，保险费率 6％，财政保费补贴比例 80％。据江苏保险学会数据，2016 年共投保 113 公顷，赔付率 33％；2017 年投保 246 公顷，赔付率 116％。人保财险于 2017 年在张家港市开办的水稻收入保险，投保面积 145 公顷，保障金额为 10 500 元/公顷，保险费率 5％，张家港市财政补贴 80％。四川崇州市水稻收入保险根据不同的地区提供差异化的保障，2018 年共投保水稻 441 公顷，每公顷保障金额约为 18 000 元，农业农村部和试点地区财政补贴80%保费。

大连商品交易所2017年支持了多个“期货+保险”的收入保险计划，其中由人保财险和华信期货推出的内蒙古甘河农场大豆收入保险、阳光农业保险、南华期货和九三集团承担的黑龙江赵光农场大豆收入保险均已进行赔付。“订单农业+保险+期货”的运作模型与美国农产品收入保险的运作模型基本相似，保险公司农业龙头企业和期货公司合作，农业龙头企业负责农产品的销售，保险公司通过历史数据测算，将因产量、价格波动导致的收入风险波动换算成单一的价格波动风险，通过购买期货公司提供的场外看跌期权进行风险对冲。

2017年7月3日签约的甘河农场大豆收入保险是我国第一例纯商业收入保险，承保面积1 847公顷，每公顷保费870元，由甘河农场全额缴纳。大豆收入保险的收货期价格一般按照大连商品交易所A 1801合约10月份日平均收盘价计算。2017年12月29日进行理赔，共赔付431万元。具体情况见表3-7。

表3-7　2017年甘河农场大豆收入保险产品及运营情况

项目	数值
目标单产（吨/公顷）	2.4
保障水平（%）	95
预测价格（元/吨）	4 000
触发收入（元/公顷）	9 120
实际收入（元/公顷）	6 787
赔偿额（元/公顷）	2 334
保险费（元/公顷）	870
保险费率（%）	9.54
赔付率（%）	268

同样于2017年7月签约的黑龙江赵光农场和襄河农场的大豆收入保险共承保面积2 500公顷，承保农户201户。根据赵光农场历史种植数据，保险设定大豆保障每公顷产量是2.4吨，保险价格为每吨4 000元，以9、10月大连商品交易所黄大豆1号1801合约收盘平均价为比价标准，保障水平为85%，保障金额为8 160元/公顷，保险费率10.67%，保费收入255万元。2018年1月共赔付247万元，赔付率97%。

重庆玉米收入保险为万州区、开州区和云阳县的4 220户建档立卡贫困户和14户种植大户的1.5万吨玉米提供收入保障，保障金额为2 504.81万元，保险期限为 2017 年 6 月 30 日至 2017 年 10 月 31 日，共 4 个月。其目标单产根据不同地区历年实际单产进行测算，预测价格为 1 680 元/吨，实际价格按照玉米期货 1801 合约在 2017 年 10 月各交易日收盘价的平均值确定。保险到期后，保险赔付 106.73 万元。人保财险通过购买中信建投期货设计的实值亚式看跌期权，将部分产量风险换算成价格风险，共获得中信建投期权赔付 120.36 万元。在保险补贴方面，14 户种植大户自缴 20%，建档立卡贫困户保险费全额减免，不足部分由大连商品交易所补贴（表 3－8）。

表 3－8　2017 年重庆玉米收入保险产品及其运营情况

保障地区	万州区	开州区	云阳县
保障面积（公顷）	2 000	233	167
预测单产（千克/公顷）	8 750	3 750	3 750
预测价格（元/吨）		1 680	
保障水平（%）		100	
保障收入（元/公顷）	11 340	6 300	6 300
实际单产（千克/公顷）	17 850	3 555	3 555
收获价格（元/吨）		1 669.76	
实际收入（元/公顷）	10 875	5 955	5 955
赔付额（元/公顷）	465	345	345
赔付率（%）		200	

本章小结

水稻是我国种植面积最大的粮食作物，湖南省位于长江中下游，具有适宜水稻生长的光照、水分、温度以及空气条件，目前是我国最大的水稻生产地区。洪涝和干旱是造成湖南省水稻产量波动的主要自然灾害，水稻种植户面临的价格风险较大。目前，水稻支持政策主要有农业补贴、粮食最低收购价以及农业产量保险等。水稻收入保险既能承保价格变动风险，也能承保产量变动风险，保障额度高，是世贸组织的“绿箱”政策，发展水稻收入保险以应对水稻生产和市场风险非常有必要。

4 美国农产品收入保险经验及借鉴

美国是世界上农业保险较为发达的国家之一，本章将对美国农产品收入保险的发展历程进行归纳，总结其农产品收入保险产品设计的特点，就典型产品设计和保险补贴进行分析。其后对比国内收入保险的发展情况，得出国内农产品收入保险在体系建设、产品设计以及补贴方面可借鉴的经验。

4.1 美国农产品保险发展历程

为稳定农业生产，美国联邦政府于 1938 年通过了《联邦农作物保险法》，推出了农产品保险，规定联邦作物保险公司（FCIC）作为保险产品的运营机构。1939 年，农产品保险计划开始实施。1980 年第 12 次修订的《联邦农作物保险法》通过后，农产品保险被视为社会保障的重要组成部分，更多的联邦资源被转移到农产品保险上来，私营保险公司也参与进来，FCIC 更多地承担了批准保险费率、保费补贴和再保险等服务。1996 年《联邦农业完善与改革法案》通过后，美国成立了风险管理局（Risk Management Agency，RMA）代表联邦政府监督并管理农业收入保险，FCIC 从直接的保险业务中退出。RMA 批准保险产品、核准保险费率、管理保费和补贴支出并对保险公司进行再保险。FCIC 负责开发保险产品并提供再保险服务等。私营保险公司负责保险产品的销售、服务和理赔。通过 80 余年的运营，美国农产品保险取得了巨大的发展[101]，至今已形成了如图 4-1 所示的较

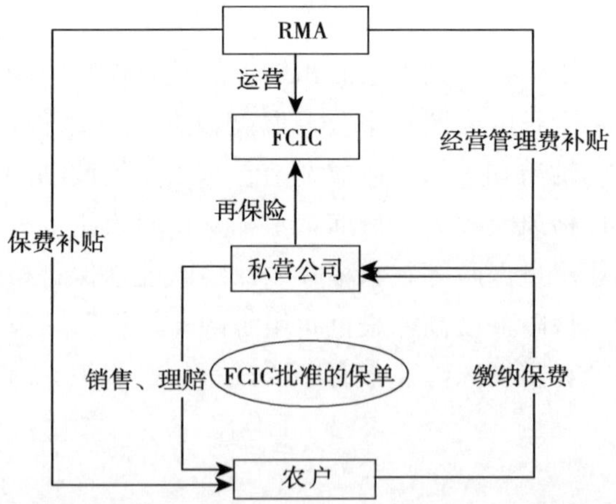

图 4-1 美国联邦农产品收入保险运行机制

为完善的政策性农业保险体系。

为有效应对农产品市场风险，FCIC于1996年开办收入保险。最早的收入保险产品主要是应对单一品种（如IP、RA）和单一区域（如GRIP）的收入风险，后面陆续推出了保障一个区域的多个品种、甚至全部品种的收入保险产品，如AGR。收入保险计划刚引入时只在少数县开展，主要针对的是棉花、玉米、大豆和小麦等大宗农作物。进入21世纪以来，收入保险计划已扩大到美国大部分县，品种也大幅增加，如稻米、向日葵、高粱、油菜等。收入保险在美国农产品价格风险管理中发挥着独特作用[102]。2002年起，收入保险取代了产量保险和价格保险，成为美国农产品保险的主力军[103]。从承保风险看，美国联邦农产品保险产品可以分为产量保险、价格保险、收入保险等[104-109]，见表4-1。

表4-1 美国联邦农产品保险产品体系

承保风险	保险产品
产量	农作物巨灾风险保障（Catastrophic Risk Protection，CAT） 历史产量计划（Actual Product History，APH） 植被指数保险（Vegetation Index，VI） 降水量指数保险（Rainfall Index，RI） 团体风险计划（Group Risk Plan，GRP）
价格	牲畜风险保障（Livestock Risk Protection，LRP） 牲畜毛利保险（Livestock Gross Margin，LGM）
收入	农产品收入保险（Crop Revenue Coverage，CRC） 收益保障（Revenue Assurance，RA） 收入保证（Income Protection，IP） 团体风险收入计划（Group Risk Income Plan，GRIP） 调整总收入保险（Adjusted Gross Revenue，AGR）

鉴于收入保险产品种类越来越多，不利于农户有针对性地进行选择，美国在2011年对农产品收入保险产品进行了同类归项和改革，收入保险被分为个体收入保险（Revenue Protection，RP）和区域收入保险（Area Revenue Protection，ARP）两类，并引入了保额浮动的新机制，允许按收获期价格与预测价格二者中的高者重新计算保额，形成了附带收获期价格选择权的农产品收入保险产品。至此，美国农产品收入保险的产品体系已基本形成。

2014年《食物、农场及就业法案》开发了基于县水平的补充收入保证计划（Supplement Coverage Option，SCO）和累积收入风险保障计划（Stacked Income Protection Plan，STAX）。SCO补偿农场以产量（收入）为基础的传统保险赔付金额没有达到县平均产量（收入）水平86%的差额部分。STAX是为了避免对棉花进行过多的农业补贴引起国际争端而推出，一旦棉农的实际收入无法达到预期收入的90%，STAX将对棉农提供10%～30%的损失保险赔偿。2016年，美国推出了农产品边际保障计划（Margin Protection，MP），该计划为生产者提供包括价格下跌、产量损失、投入成本上升等一系列因素导致的收入损失赔偿。作为区域收入保险计划的一种，农产品边际保障计划得到了与APR同等水平的费率支持。MP于2016年在试点州、县的玉米、稻谷和小麦等农作物上实施。2017年美国联邦农产品收入保险覆盖了大部分农作物品种，其发展情况见表4-2。

表4-2　1996—2017年美国联邦农产品收入保险运营情况

年份	保障面积（百万英亩*）	保费收入（百万美元）	保费补贴（百万美元）	赔付额（百万美元）	赔付率	保费补贴率
1996	12	146	41	55	0.37	0.28
1997	25	292	85	112	0.38	0.29
1998	27	338	96	229	0.68	0.28
1999	53	761	177	823	1.08	0.23
2000	66	974	201	842	0.87	0.21
2001	90	1 410	779	1 364	0.97	0.55
2002	95	1 431	785	2 245	1.57	0.55
2003	113	2 085	1 160	1 985	0.95	0.56
2004	130	2 901	1 621	2 256	0.78	0.56
2005	126	2 526	1 404	1 225	0.48	0.56
2006	139	3 346	1 870	2 267	0.68	0.56
2007	145	5 019	2 803	2 446	0.49	0.56
2008	151	7 947	4 434	7 453	0.94	0.56
2009	151	6 778	4 015	3 540	0.52	0.59
2010	166	5 935	3 623	3 187	0.54	0.61
2011	177	10 011	6 172	8 680	0.87	0.62
2012	184	9 081	5 662	15 591	1.72	0.62
2013	197	9 881	6 053	10 625	1.08	0.61
2014	200	8 193	5 015	7 671	0.94	0.61
2015	208	8 209	5 167	4 662	0.57	0.63
2016	205	7 682	4 985	2 568	0.33	0.65
2017	204	8 188	5 207	3 687	0.45	0.64

资料来源：https：//www.rma.usda.gov/Summary of Business.

* 英亩为非法定计量单位，1英亩≈0.405公顷，下同。——编者注

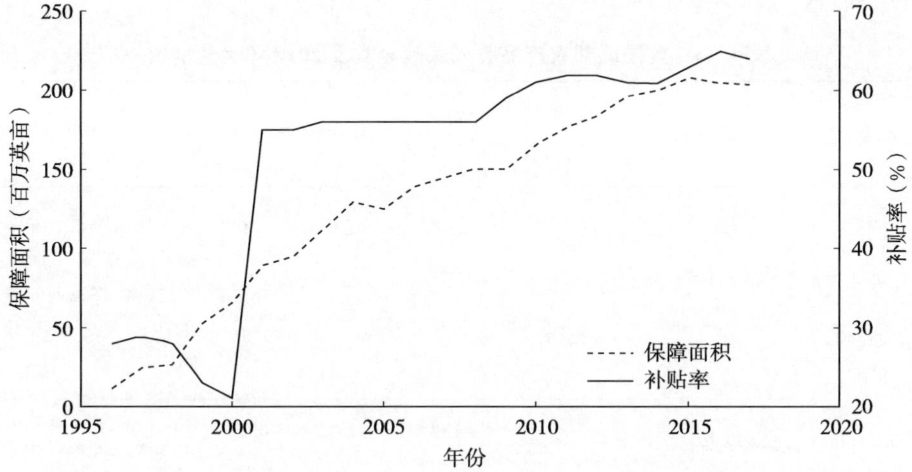

图 4－2　1996—2017 年美国联邦农产品收入保险保障面积及补贴率

资料来源：https：//www. rma. usda. gov/Summary of Business.

从图 4－2 和表 4－2 可以看出，多年来，美国联邦农产品收入保险得到了长足发展。2017 年的保障面积、保费收入和保费补贴分别是 1996 年的 18 倍、56 倍和 66 倍。美国联邦农产品收入保险于 1996 年开办时，保障面积仅占农产品保险面积的 6%，到 2003 年已经占比 52%，成为保障面积最多的保险品种。2017 年美国联邦农产品收入保险的保障面积、保费收入、保费补贴分别占农产品保险的 65%、81%和 75%，已经成为美国农产品保险的最主要产品类型。

4.2　美国农产品收入保险产品设计及典型产品

4.2.1　美国农产品收入保险的产品设计

美国农产品收入保险种类繁多，可归纳为三大类，见表 4－3。第一类是针对大宗农作物的收入保险产品，主要是个体收入保险和区域收入保险；第二类是具有特色的农产品收入保险，包括全农场收入保障（Whole-Farm Revenue Protection，WFRP）、实际历史收入（Actual Revenue History，ARH）、边际保证（MP）和针对核桃的核桃收入保险（Pecan Revenue Assurance，PRV）；第三类是针对收入保险的附加保障，包括累计收入保险和补充收入保证。第一类大宗农作物收入保险产品中不附带收获期价格选择权的个体收入保险产品是美国联邦农产品收入保险计划的最大组成部分，占收入保险保费收入的93%。

表4-3 美国联邦农产品收入保险分类及2017年运营情况

品类	产品计划	收获期价格选择权	保费收入（百万美元）	补贴率	赔付率	品种
大宗农作物收入保险	个体收入保险（RP）		7 653	0.64	0.45	大豆、樱桃、小麦、棉花、高粱、油菜、干豆、稻谷、向日葵、花生、大麦、玉米、豌豆
		附带	32	0.59	0.55	
	区域收入保险（ARP）		133	0.44	0.1	大豆、樱桃、小麦、玉米、棉花、高粱
		附带	0.81	0.45	0.05	
特色农产品收入保险	全农场收入保障（WFRP）		145	0.71	0.59	
	实际历史收入（ARH）		58	0.57	0.75	樱桃
	核桃收入保险（PRV）		0.21	0.59	0.37	核桃
	边际保证（MP）		16	0.53	0.45	稻谷、小麦、玉米
附加保障	累计收入保险（STAX）		0.09	0.8	1.06	棉花
		附带	131	0.8	0.53	
	补充收入保证（SCO）		19	0.65	0.26	小麦、樱桃、大豆、高粱、油菜、干豆、棉花、大麦、稻谷、花生、向日葵
		附带	0.35	0.65	0.03	
	合计		8 188			

资料来源：https：//www.rma.usda.gov/Summary of Business.

收入保险相对传统的产量保险产品而言，除承保单产风险损失外，还承保价格风险损失。不同于单产风险更多呈现地区性、个体性特征，价格风险具有典型的系统性、全局性特点，农户难以直接承受价格系统性波动造成的收入损失。美国农产品收入保险通过合理选择价格及单产数据，确定合适的保障水平，设置不同的投保单元和风险分区，实行地区差异化的费率和补贴比例来分散风险。

（1）单产、价格和保障水平的确定。收入保险赔付的是预期收入和实际收入的差额。预期收入为保障价格与历史单产及保障水平三者的乘积，而实际收入为实际价格与实际单产的乘积。价格和单产是收入保险的核心“变量”。RMA 对价格和单产均作了明确规定，单产更多是结合数据的准确的历史单产，价格则利用美国发达的期货市场的价格发现和风险规避功能。历史单产为过去 10 年农场（或县）平均单产或者由 RMA 估计的农场单产。保障价格取“预测价格”或“预测价格和收获期价格的较高者”，当收获期价格高于预测价格时，附带收获期价格选择权的产品可以选择较高的收获期价格，此时保障金额也相应提高。“预测价格”和“收获期价格”均根据芝加哥期货交易所、美国洲际交易所等交易所的价格数据计算。如美国某地的大豆种植月份为 2 月，收获月份为 10 月，则以 11 月的芝加哥期货市场大豆期货的次年 2 月日结算平均价格作为预测价格，以次年 10 月的日结算平均价格作为收获期价格。预测价格和收获期价格选择月份因不同农作物品种而不同，棉花收入保险的收获期价格，在得克萨斯州选择的是美国洲际交易所棉花期货合约在 9 月的日结算平均价格，在亚拉巴马州则选择 10 月的日结算平均价格，堪萨斯州则选择 11 月的日结算平均价格。“保障水平”分 5～8 档，每提高 5%进一档。一般产品的保障水平为 50%～75%。农户可以按照保险需求购买不同保障水平的保险产品。保障水平的选择与补贴率的高低密切相关。Babcock B A 等（2004）研究显示，高估保险补贴会引致农户更多选择高免赔的低保障产品[110]。通过确定稍低的保障水平，可以有效地降低保险人的承保风险。

（2）投保单元设置。为满足农户风险管理的不同需求，RMA 划分了四种不同的投保单元：基本单元（Basic Unit，BU）、选择单元（Optional Unit，OU）、企业单元（Enterprise Unit，EU）和全农场单元（The Whole Farm Unit，WFU），如图 4-3 所示。其中前两类以自然人为投保对象，后两类以农场为投保对象，不区分农场股权。基本单元是一个县里投保人所播种的某种农作物的全部土地，大致有两种类型，一种是由投保人拥有 100%份额的或者从其他实体租赁而来的土地，另一种是与其他实体共同享有一定份额（Share Basis）的土地。基本单元是所有投保人均可以选择的投保单元。选择单元是基本单元的一个细分，主要的细分准则是乡镇区域、农场序列号、土地连续与否、是否可灌溉等。企业单元覆盖投保人在某县中享有股份的同种农作物的可投保面积，必须由两个及以上的基本单元组成。全农场单元则将企业单元的同种农作物扩展到所有农场的所有农作物品种，必须由两种及以上的企业单元组成。不同投保单元的保险费率、补贴比例均有所不同。

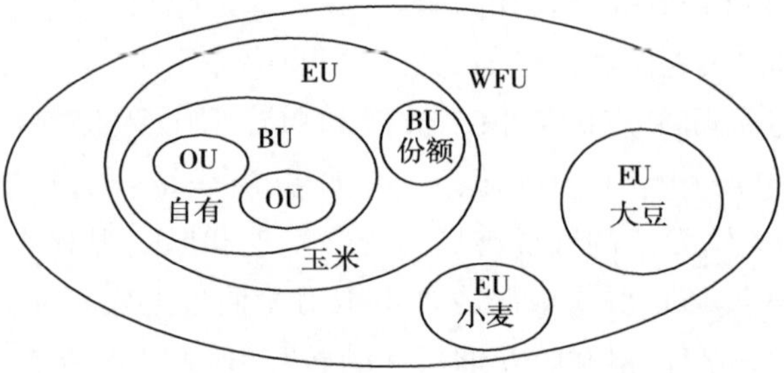

图 4－3 美国农产品收入保险不同投保单元示意图

（3）差异化的保险费率。农户实际支付的保险费为保险产品的费率扣除保险补贴后的部分，可见保险费率和保费补贴比例很大程度上决定了农户购买保险产品的意愿。美国农产品收入保险费率由基准费率和调整费率组成。基准费率、调整费率和补贴比例皆根据不同情况进行区分，以更好地适应农户的购买需求并尽可能地规避逆向选择问题。基准费率根据风险区划等级、灌溉条件的不同而调整，调整费率和补贴比例则与保障水平、投保单元及规模联系在一起。风险区划等级以县为单位，风险等级越高，基准费率也越高；土地灌溉条件越好，基准费率则越低。

美国把全国州县划分为不同的风险等级区域，风险等级越高、耕地灌溉条件越差，则基准费率越高。调整费率、保险补贴比例则与保障水平程度、投保单元复杂度和投保规模成反比。对同一保险产品而言，50％保障水平的调整费率最低，150％保障水平的调整费率最高。基本单元较为简单，保费下浮10％，企业单元也可享受保费 10％甚至更多的调减。每个县的保险产品的基准费率、调整费率系数和保费补贴比例均由 RMA 公布。

4.2.2 美国农作物收入保险典型产品

下面以个体收入保险、区域收入保险为例说明收入保险产品的设计。

（1）个体收入保险。个体收入保险是最早推出的农产品收入保险产品，它覆盖了价格下降或者单产减少或者两者综合导致的收入减少风险。当农户的实际收入低于保证收入时，引发赔偿。农户的历史单产由农户提供自身不少于 4 年的历史产量并经过 FCIC 进行调整后得出。价格采用期货价格，根据不同的品种选择不同期货交易所的价格数据，如芝加哥期货交易所的玉米、大豆和大米，纽约期货交易所的棉花以及堪萨斯城交易所的春小麦和冬小麦等价格。个体收入保险的保障水平为 50%～75%，部分产品和地区能达到 85%。下文以某企业单元的玉米个体收入保险为例阐述其赔偿设计（表 4－4）。

表 4－4 某企业单元未附带收获期价格选择权的玉米个体收入保险

项目	基本单元 1	基本单元 2	选择单元 1
面积（英亩）	200	150	125
历史单产（蒲式耳*/英亩）	150	145	135
预测价格（美元/蒲式耳）	2.70	2.70	2.70
保障水平（%）	80	80	80
保障金额（美元）	64 800	46 980	36 450
实际单产（蒲式耳/英亩）	95	120	140
收获价格（美元/蒲式耳）	2.80	2.80	2.80
实际收入（美元）	53 200	50 400	49 000
份额（%）	100	100	50
份额调整损失（美元）	11 600	－3 420	－6 275
赔偿金额（美元）		1 905	

数据来源：根据 Barnett B J. Agricultural Index Insurance products: Strengths and limitations. Agricultural Outlook Forum，2004（1）：7－15.[111]，由作者整理而成。

从表 4－4 可以看出，该企业单元共包含 2 个基本单元和 1 个选择单元，投保农户享有的份额分别为 100%、100%和 50%，经过份额调整后计算出的损失额为 11 600 美元、－3 420 美元和－6 275 美元。从整个农场角度，企业损失额为 1 905 美元。在附带收获期价格选择权时，由于收获期价格高于预测价格，投保农场以较高的收获期价格来重新计算保障金额，每个单元的损失变大了（收益变小），整个农场的损失额增大为 6 720 美元（表 4－5）。

表 4－5 某企业单元附带收获期价格选择权的玉米个体收入保险

项目	基本单元 1	基本单元 2	选择单元 1
面积（英亩）	200	150	125
历史单产（蒲式耳/英亩）	150	145	135
预测价格（美元/蒲式耳）	2.70	2.70	2.70
保障水平（%）	80	80	80
收获价格（美元/蒲式耳）	2.80	2.80	2.80
保障金额（美元）	67 200	48 720	37 800

* 蒲式耳为非法定计量单位，1 蒲式耳约为 27.216 千克，下同。——编者注

（续）

项目	基本单元1	基本单元2	选择单元1
实际单产（蒲式耳/英亩）	95	120	140
实际收入（美元）	53 200	50 400	49 000
份额（%）	100	100	50
份额调整损失（美元）	14 000	−1 680	−5 600
赔偿金额（美元）		6 720	

数据来源：根据 Barnett B J. Agricultural index insurance products: Strengths and limitations. Agricultural Outlook Forum，2004（1）：7-15.[111]，由作者整理而成。

（2）区域收入保险。区域收入保险是以县的收入变化来计算赔偿额。区域收入保险不仅赔偿基于产量的损失，也赔偿基于价格下降导致的损失。当县的实际收入小于承保的收入水平（触发收入）时，引发赔偿。县的实际收入为县的实际产量与收获价格的乘积，触发收入为预测产量、保障水平以及预测价格的乘积。预测价格和收获价格均由期货价格决定，其中玉米的预测价格由芝加哥期货交易所12月份期货合约在次年2月份的平均价格决定，收获价格则由12月份的期货合约在次年10月份的平均价格决定。未附带收获期价格选择权的区域收入保险赔偿额的计算如下：

$$赔偿额 = 预测产量 \times 预测价格 \times 保障水平 \times \max\left\{0, 1 - \frac{实际产量 \times 收获价格}{预测产量 \times 预测价格 \times 保障水平}\right\}$$

表4-6显示的是玉米区域收入保险风险计划产品相关要素。

表4-6　美国玉米区域收入保险

项目	未附带收获期价格选择权	附带收获期价格选择权
预期的县玉米平均产量（蒲式耳/英亩）	150	150
保障水平（%）	80	80
预测价格（美元/蒲式耳）	3	3
触发收入（美元/英亩）	360	396
县玉米实际平均产量（蒲式耳/英亩）	100	100
收获价格（美元/蒲式耳）	3.1	3.1
实际收入（美元/英亩）	310	310
保障规模（%）	100	100
每英亩赔偿额（美元）	50	86

数据来源：根据 Barnett B J. Agricultural index insurance products: Strengths and limitations. Agricultural Outlook Forum，2004（1）：7-15.[111]，由作者整理而成。

4.3 美国农产品收入保险补贴

由于农业保险产品具有正向外部效益，在没有补贴的情况下，保险产品的供给不足。1938 年颁布的《联邦农作物保险法》设立了联邦农作物保险公司作为农业保险的唯一经营方，联邦政府承担了公司的全部运营管理费用。经过多年的实践，发现两个主要问题：农户的参保率低和赔偿率过高。政府单独经营农业保险的绩效并不乐观。经过几十年的发展，美国形成了以保费补贴、经营管理费补贴及再保险为主要框架的农作物收入保险补贴体制[112-113]。

4.3.1 保费补贴

1980 年，新修订的《联邦农作物保险法案》允许私营保险公司经营农业保险，并授权 FCIC 对任何在美国生长的农作物进行保险，农业保险计划扩大到种植重要农作物的所有县。为解决农户参保率过低的问题，该法案还授权对保障水平为 50%和 65%的产品给予 30%的保费补贴，对保障水平为 75%的产品给予 17%的保费补贴。

1994 年的《作物保险改革法案》提供了多重保障制度：农户免费购买巨灾保险（CAT）作为基础风险保障，再根据保障水平提供保费补贴。农作物巨灾保险计划的保费完全由联邦政府承担，农户只需要为每种农作物支付50～300 美元的管理费。无论是保障水平还是保费补贴，1994 年的法案均较 1980 年法案有所提高，保障水平由 55%、65%和 75%的 3 个等级增加到间隔为 5%、从 50%到 85%的 8 个等级。收入保险产品计划也在该法案中第一次出现，并在 1996 年落地。保费补贴的比例根据不同产品类型及其保障水平有所差异，但均有提高。55%保障水平下的保费补贴比例从原来的 30%提高到收入保险的 35%和产量保险的 46%，75%保障水平下的保费补贴比例从 30%提高到收入保险的 32%和产量保险的 42%。产量保险保费补贴比例范围为 13%～55%，收入保险保费补贴范围则为 10%～42%。

2000 年通过的《农业风险保护法案》再一次大幅提高了保费补贴比例，并且不再区分产量保险和收入保险产品，补贴比例范围为 38%～67%。2008 年《食品、资源保护和能源法案》根据投保单元的不同设定了不同的保费补贴比例。基本单元和选择单元的保费补贴比例与 2000 年法案一致。考虑到企业单元是由多个基本单元组成，相对基本单元风险较低；农场单元则由多个企业单元组成，相对企业单元风险较低，因此，对农场单元和企业单元在同一保障水平下的保费补贴比例均有所上调。农场单元保费补贴比例为56%～80%，企业单元的保费补贴比例为53%～80%。2012年《农业改革、食品与就业法》对原有的保费补贴比例保持不变，但新增设了指数型的区域保险产品补贴计划，对区域产量保险提供55%～59%的保费补贴，对区域收入保险提供49%～59%的保费补贴。2014年《食物、农场及就业法案》对美国农业补贴政策做出了一系列的调整，放弃了固定直接支付、反周期补贴的农业支持思路，加大对农业保险计划的支持，补贴手段更为隐蔽。另外，出台了基于县水平的补充保险选择计划（SCO），补偿农户在以产量或收入为基础的传统保险赔付金额没有达到县平均产量（收入）水平的86%的差额部分。政府对补充保险选择计划提供65%的保费补贴。美国现行的大宗农产品收入保险保费补贴比例见表4-7。

表4-7 美国大宗农产品收入保险不同保障水平下的保费补贴比例

单位：%

产品类型		50%	55%	60%	65%	70%	75%	80%	85%
个体收入保险	基本单元	67	64	64	59	59	55	48	38
	选择单元	67	64	64	59	59	55	48	38
	企业单元	80	80	80	80	80	77	68	53
	农场单元	80	80	80	80	80	80	71	56
区域收入保险						59	55	55	49

数据来源：美国《农业风险保护法案：2010》，《农业改革、食品与就业法：2012》，由作者整理。

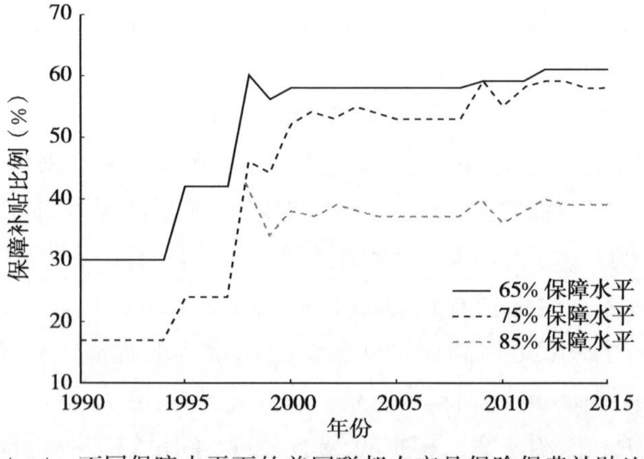

图4-4 不同保障水平下的美国联邦农产品保险保费补贴比例

数据来源：Yu J S，Smith A，Sumner D A. The Effects of the Premium Subsidies in the U. S. Federal Crop Insurance Program on Crop Acreage［C］. Agricultural & Applied Economics Association Annual Meeting. Boston：2016.

从图 4-4 来看，增长较快的是 75%保障水平下的保费补贴比例，从最开始的 17%增加到了 2015 年的 57%，增长了 2.35 倍；65%保障水平下的保费补贴比例则增长了 1 倍；85%保障水平下的保费补贴比例变化不大。整体看，美国联邦农产品保险保费补贴比例因保障水平而异，保障水平越高，保费补贴比例越低。

4.3.2 经营管理费补贴

由于农业保险产品的公共性，其运营成本高于一般的财产性保险产品。私营保险公司在经营农业保险产品时会面临较高的经营管理成本。美国农业保险法案对保险公司在经营管理费用补贴、再保险等方面进行补偿，以改善私营保险公司的弱势地位。美国农业保险相关法案就基础保险产品（Catastrophe, CAT）、一般保险产品和补充保险产品均有针对私营保险公司的补贴。2010 年的《农业风险保护法案》对巨灾风险计划，向私营保险公司提供保费 6%的经营管理费补贴；对于团体类保险产品，提供保费 12%的经营管理费补贴；对其他的保险产品，提供的经营管理费补贴比例则是保费的 18.5%。2014《食物、农场及就业法案》对经营补充保险选择计划（SCO）的保险公司提供运营管理费用补贴比例为保费的 12%，对一般保险产品经营管理费补贴比例则从保费的 18.5%提高到了 28.6%。

4.3.3 再保险

除了提供经营管理费补贴外，美国还会为经营农业保险产品的私营保险公司提供再保险服务。1980 年开始，美国农业保险经营进入了政府和私营公司共同经营阶段。FCIC 除了经营农业保险外，开始向私营保险公司提供再保险服务。1997 年，《标准再保险协议》（SRA）进一步规范了再保险的相关业务。2000 年以后，FCIC 退出直接业务，专门承担再保险业务。2014 年《食物、农场及就业法案》修订了种植业的《标准再保险协议》和针对畜牧业的《牲畜价格再保险协议》。

FCIC 将种植业再保险以州为单位划分为分配型风险基金和商业基金两大类，私营保险公司在考虑其保单的收益水平后将其放入分配风险基金或者商业基金中。FCIC 通过分配风险基金和商业基金向私营保险公司提供成数分保和低成本的比例再保险。分配风险基金一般吸纳高风险的保单，享受较高的分成比例；低风险保单则被放入商业基金中。SRA 规定公司能放入分配风险基金的保险业务保费收入不超过其在一州所有保费收入的 75%，商业基金放入的部分则不少于 25%。

(1) 成数分保。FCIC 和私营保险公司的再保险首先以成数分保的形式进行。在分配风险基金中，保险公司向 FCIC 分出 80%的保费收入和相应的损益，余下的 20%则自留。而对商业基金而言，FCIC 承接私营保险公司少于 65%的保费收入和相应的损益，自留比例在 35%以上。

(2) 分层次的非比例再保险。对自留部分，FCIC 提供了分层次的非比例再保险。FCIC 和私营保险公司按照分层赔付率进行不同层次的收益或损失共享。对分配风险基金，当赔付率低于 100%时，FCIC 分享利润，赔付率越低，FCIC 分享的利润比例也就越大。当赔付率高于 100%时，FCIC 承担赔偿损失，赔付率越高，FCIC 承担的赔偿损失比例也越大。当赔付率超过 500%时，所有的损失赔偿责任由 FCIC 承担。具体而言，当赔付率在 50%～65%区间时，FCIC 收益分成为 86.5%；当赔付率为 65%～100%时，FCIC 收益分成降为 67.5%；当赔付率为 100%～160%时，FCIC 承担自留部分承保损失的 92.5%；当赔付率为 160%～220%时，FCIC 承担损失比例为 94%；当赔付率为 220%～500%时，97%的承保损失由 FCIC 负担。相较于分配风险基金，私营保险公司在商业基金中分给 FCIC 的比例更低。FCIC 根据美国各州农业保险经营情况，将其分为三类。历年承保收益情况较好的州为第一类州，包括伊利诺伊、印第安纳、爱荷华、明尼苏达和内布拉斯加 5 个州。第三类为农业保险经营的高风险州，包括阿拉斯加、马里兰、康涅狄格、马萨诸塞、内华达、新罕布什尔、特拉华、夏威夷等 17 个州。其余州归到第二类。高风险分配型风险基金中的保险产品，私营保险公司享受收益比例较低，承担的损失份额也较商业基金更少。在商业基金保险产品中，SRA 允许私营保险公司在高风险的州享有更高的收益分成，承担更小的损失比例。

(3) 一揽子成数分保。在州级层面进行成数分保和分层次的非比例再保险后，一揽子成数分保为 FCIC 在全国范围内提供的最后再保险服务。在 FCIC 汇总出私营保险公司在各州的承保损益后，私营保险公司需要将分配到各基金自留部分损益的 6.5%向 FCIC 分出。经过分配风险基金和商业基金较高的农业风险产品的吸纳，自留部分的产品收益率较好。FCIC 通过一揽子成数分保合约获得的收益用于弥补再保险业务的经营管理费，有利于进一步平衡农业风险。

4.4 美国农产品收入保险的启示

结合我国农业保险发展实践，总结美国农产品收入保险的发展经验，可以对我国收入保险提供以下启示。

(1) 明确收入保险的作用。收入保险是应对农产品产量和市场价格风险的有效工具，是世贸组织的“绿箱”政策，应该成为农户应对价格风险和产量风险的主要保险产品。美国农产品收入保险保障面积占比从开办初的6%增长到2017年的65%，保费收入更是占到所有农产品保险的81%，基本覆盖了所有的农作物产品。我国的收入保险产品仍处于试点阶段，应加快发展速度，在玉米、大豆和水稻等作物试点成熟后，尽快向全国推广。

(2) 完善的农业保险法律体系是收入保险快速发展的保证。在不断修订的农业保险法律下，美国现阶段的农产品收入保险由农业部下属的风险管理局(RMA)负责，FCIC与RMA实行“两块牌子、一套人马”，无论是保险产品的开发、核准、保费补贴还是再保险都由一个单位管理。2012年《农业保险条例》发布后，我国形成了保险公司进行产品开发和运营，银行保险监督委员会批准产品及监管运营，财政部负责保费补贴，中国农业保险再保险共同体提供再保险的农业保险运营体系。应整合分散在各部门的监督管理、资金补贴、业务协助等相关职责，由单一机构进行管理，健全并优化运营体系。

(3) 科学设计收入保险产品满足不同需求。美国农产品收入保险经过了多年运营，产品种类多，保障覆盖范围广，保险费率与保障水平程度、投保单元复杂度和投保规模相关，保障水平一般有5个档次。国内最早的收入保险产品为人保财险2016年在江苏常州武进区推出的针对家庭农场和合作社的水稻收入保险产品，保障水平为90%，保险费率6%。2017年7月签约的甘河农场大豆收入保险保障水平为95%，保险费率9.54%。从产品类型看，都是针对规模种植户或农场的个体收入保险，且保障水平单一，不能很好满足不同需求农户的需要。从承保对象上看，目前仅有水稻、大豆和玉米三种作物。应加大我国农产品收入保险产品的创新。在承保对象上，应尽快推出棉花、甜菜、油料等大宗经济作物的收入保险，扩大水稻、玉米和小麦等主粮作物收入保险计划。在产品设计上，针对具体的农作物品种，由行政机构划定不同的风险区划，推出全国不同区划的基准费率表，制定不同区划的费率调整和在不同情况下的保费补贴比例。

(4) 收入保险发展需要保费补贴。美国农业收入保险的补贴主要有针对农户的保费补贴，对私营保险公司的经营管理费补贴以及再保险等。对农户保费补贴的比例因保障水平、投保单元而异，对个体收入保险提供38%～80%的保费补贴，对区域收入保险提供补贴的比例为49%～59%。对私营保险公司的经营管理费补贴从2010年保费的18.5%提高到2014年的28.6%。

2018年，湖北、安徽两省部分地区的水稻收入保险试点已纳入中央财政补贴范围，其余地方水稻收入保险的保费补贴均由区县及乡镇财政承担。可以考虑将水稻收入保险的财政补贴纳入省政府预算，对不同地区的保费补贴实行有一定差异的补贴比例，高风险地区的比例可以适当高一些。对保险公司的经营管理费根据所收取保费的一定比例进行补贴。完善水稻收入保险大灾风险分散机制，政府准备巨灾基金和巨灾债券承担特大风险。

本章小结

本章以美国为例，分析其农产品收入保险运营管理体制，收入保险产品的发展历程、保险要素设置以及保险补贴机制。

（1）美国农产品收入保险不仅有全国统一的管理机构，更有法律保障。RMA批准保险计划，核准保险费率、提高补贴。FCIC开发产品并提供再保险，私营保险公司负责保险单的销售、服务和理赔。继1996年制定《联邦农业完善与改革法案》后，美国每隔4年左右都会对法案进行修订，不断完善农业保险法律体系。

（2）美国农产品收入保险产品种类繁多，主要有针对大宗农作物的收入保险、补充保险和特色农产品收入保险。承保对象广泛，既包含玉米、大豆、小麦、高粱和稻谷等主要粮食作物，也包括棉花、向日葵、油菜、樱桃和核桃等经济作物。

（3）美国农产品收入保险产品在产量、价格、保障水平、补贴比例、投保单元等保险要素上设置合理，能有效满足不同农户的需求。

（4）美国农产品收入保险补贴机制有针对农户的保费补贴、对保险公司的经营管理费补贴和再保险，体系完备，有力促进了农产品收入保险的发展。

（5）借鉴美国农产品收入保险经验，我国应以收入保险作为应对价格风险和产量风险的主产品，完善农业保险内涵，增加收入保险品种，加强产品设计。

5 湖南水稻种植收入风险分析

农产品收入是产量和价格的乘积，收入风险包含了产量风险因子和价格风险因子。本章对产量风险和价格风险进行测度，以减产率的分布来测算产量风险，以在险值对价格风险进行测算，并对水稻收入风险进行分析。

5.1 湖南水稻产量风险评估

5.1.1 产量风险评估方法

农作物产量风险是指由自然灾害等因素导致的农作物产量低于预期产量的不确定性[114]。叶涛（2014）认为自然灾害风险模型是产量风险定量评估服务于保险精算的重要桥梁[115]。不确定性实际上就是这种损失的随机概率分布，因此对损失的概率分布进行估算是进行风险测算的主要问题。水稻产量风险实际上是水稻实际单产低于预计单产（减产）的概率分布，围绕减产率这一核心指标的单产统计模型是风险评估中运用较为普遍的方法[16]，也可以结合其他指标，采用聚类分析法对地区农作物生产风险进行区划[7,116]。对水稻产量风险进行评估就是对水稻减产率进行概率分布测算。

水稻减产率的概率分布可以采用参数方法和非参数方法。采用参数方法拟合概率分布，需要提前知道减产率的先验分布，如正态分布、对数正态分布、Beta 分布或 Weibull 分布。然而，影响水稻减产率的灾害因素非常多，各种因素的影响权重也不一致，很难知道其分布的具体形式。非参数法不需要已知的先验分布，也不需要估计任何参数，但在小样本情况下缺乏足够的稳健性[117]。本章不直接估计减产率的概率分布，而是采用非参数信息扩散模型来求取减产率的离散概率，以确定水稻的产量风险。非参数信息扩散模型是一种非参数统计结合模糊数学的方法，它将某个样本点所含的信息扩散到整个样本空间的所有样本点中去。当所有样本点信息都扩散以后，每个样本点都含有全部样本点的数据信息，形成了样本信息在样本空间的分布。将水稻减产率信息扩散到［0，1］的样本空间中去，就可以得到水稻减产率的分布。

设水稻产量的减产率为 l，某县第 t 年的水稻产量的减产率样本观测值为 x_t，x_t 的样本信息按照正态分布扩散到样本空间中每个样本点，信息扩散模型为：

$$f_{x_t}(l)=\frac{1}{\sqrt{2\pi}h}\exp\left[-\frac{1}{2}\left(\frac{x_t-l}{h}\right)^2\right] \tag{5-1}$$

扩散系数 h 采用 Ker A P 和 Goodwin B K（2000）的方法：

$$h=0.9\times A\times n^{-0.2} \tag{5-2}$$

其中，$A=\min(S, Q/1.34)$，S 为样本标准差，Q 为四分位数间距。

对每一个样本点的信息扩散模型进行归一化处理，则有：

$$\mu_{x_t}(l)=\frac{f_{x_t}(l)}{\int_0^1 f_{x_t}(l)\mathrm{d}l} \tag{5-3}$$

减产率经过信息扩散后取值为 l 的样本个数为：

$$m(l)=\sum_{t=0}^{n}\mu_{x_t}(l) \tag{5-4}$$

则水稻单产减产率落在 l 的频率为：

$$p(l)=\frac{m(l)}{n} \tag{5-5}$$

为方便计算，在实际应用中将连续的扩散模型进行离散化处理。

5.1.2 水稻产量数据来源

湖南省统计年鉴有水稻成灾率和受灾率等相关数据，但并不能直接用来进行产量风险的计算。水稻成灾率和受灾率是以面积为单位计算的。计算产量损失需要以历年的水稻单产为基础进行。农业区域保险基本上是以县域开展的，截至 2016 年，湖南全省共有 122 个区县。1986 年以来，湖南省新设立、撤销了多个区县，如 2000 年设立的益阳市大通湖区，1997 年怀化市的黔阳县与洪江市合并为新的洪江市等。本章对新设立的一些区县进行了取舍，对部分合并的区县进行了数据的加总。对于大部分市辖区均不纳入研究对象，其一是市辖区的行政区划变化过于频繁，其二是市辖区更重视城市建设，水稻种植面积和产量占比均较小。最终选择了 1987—2016 年的 94 个区县水稻单产作为研究对象。区县某年的水稻单产数据（千克/公顷）根据当年其稻谷产量除以其稻谷播种面积得出，数据来源于历年的湖南省统计年鉴。

5.1.3 湖南区县水稻产量风险评估结果

在已知水稻实际单产的情况下，确定水稻的理论（趋势）单产就能获取减产率。水稻的趋势单产估计有很多不同的方法。一些学者采用ARIMA模型等时间序列方法来拟合短期的趋势单产[33]，也有采用线性回归、直线滑动平均方法来模拟[118]；还有学者采用影响水稻生长的气温、日照、抛秧技术、农药及化肥使用量等作为自变量，建立面板数据模型来确定趋势单产[11,116,119]。无论采用何种方法，水稻单产均可以分解为气候变化解释部分、技术变化解释变化部分和随机扰动项[120-122]。气候变化和技术变化均可以再分解为趋势变化和随机变化两部分。趋势变化一般可以看成是时间的函数，剩下的随机变化和原有的随机扰动项用来解释单产的波动。因此可以把水稻单产看成是随时间变化的趋势部分和随机波动部分，采用时间回归方程对水稻趋势单产进行求解。

设水稻的实际单产为 y_t（$t=1, 2, \cdots, n$），有

$$y_t = \alpha + \beta_1 t + \beta_2 t^2 + \beta_3 t^3 + e_t \tag{5-6}$$

其中，α、β_1、β_2、β_3 为时间 t 的参数，$\beta_1 t$、$\beta_2 t^2$、$\beta_3 t^3$ 不一定全部需要，不同地区根据拟合结果优选时间的项次。e_t 为第 t 年的随机波动部分。

通过对时间的线性回归就湖南省94个区县的水稻单产进行趋势拟合，分解出随时间变化的技术变化及气候变化部分，余下的部分作为气象等随机波动部分。随机波动项 e_t 是计算减产率的基础，负的随机波动代表水稻单产的减产。减产率的计算按照如下公式：

$$m_t = \max\left(\frac{-e_t}{y_t - e_t}, 0\right) \tag{5-7}$$

m_t 为某地区第 t 年的减产率。表5-1列出了6个代表性区县历年的水稻减产率。

表5-1　6个代表性区县的水稻减产率

年份	长沙县	攸县	湘潭县	衡南县	邵东县	岳阳县
1987	0	0	0	0.019	0	0
1988	0	0	0	0.030	0.002	0
1989	0.042	0.049	0	0.050	0.049	0.058
1990	0.005	0.011	0	0	0	0.001
1991	0.013	0	0	0.040	0.017	0
1992	0.089	0.013	0.188	0	0	0
1993	0	0.002	0.134	0	0.012	0.010
1994	0.023	0	0.072	0	0	0
1995	0.077	0	0	0.004	0	0
1996	0.017	0	0	0	0	0.012

（续）

年份	长沙县	攸县	湘潭县	衡南县	邵东县	岳阳县
1997	0	0	0	0	0	0.076
1998	0.071	0.013	0.040	0	0	0.082
1999	0.114	0.114	0.052	0.028	0.103	0
2000	0	0.011	0	0	0	0.054
2001	0	0.002	0	0	0	0
2002	0	0.029	0	0	0.057	0.048
2003	0.006	0.113	0.074	0.111	0.031	0
2004	0.043	0.092	0.024	0.138	0	0
2005	0	0	0	0.017	0	0.001
2006	0	0	0	0	0	0
2007	0	0	0	0	0.020	0
2008	0	0	0	0	0.020	0
2009	0.088	0.011	0.070	0.121	0.027	0.055
2010	0.027	0	0.029	0	0	0
2011	0.155	0	0	0.116	0	0.017
2012	0	0.018	0	0	0	0
2013	0	0.015	0	0	0	0
2014	0	0.038	0.029	0	0.023	0.006
2015	0	0.033	0.017	0	0.043	0.026
2016	0	0.030	0.010	0	0.057	0.038
平均减产率	0.026	0.020	0.025	0.022	0.015	0.016

从表 5-1 中可以看出，6 个代表性区县的平均减产率为 0.015～0.026，最大减产率为湘潭县 1992 年的 0.188。

根据非参数信息扩散模型公式可以计算各个区县的减产率落在 0，0.01，0.02，…，1.00 的概率，并据此得出减产率大于某一阈值的概率，见表 5-2。可以看出，长沙县、衡南县、武陵源区、南县、新化县和古丈县等地的水稻减产率不小于 5%的概率均大于 0.2，不小于 10%的概率均大于 0.09，而湘潭县、邵阳县、岳阳县、桂阳县和零陵区等地水稻减产率不小于 10%的概率均小于 0.05。

表 5-2 代表性区县减产率大于某一阈值的概率

区县	≥0.01	≥0.05	≥0.10
长沙县	0.762	0.243	0.094
攸县	0.707	0.143	0.077
湘潭县	0.648	0.180	0.010
衡南县	0.747	0.250	0.150
邵阳县	0.752	0.183	0.042
岳阳县	0.646	0.182	0.005
桃源县	0.762	0.272	0.054
武陵源区	0.802	0.316	0.101
南县	0.776	0.307	0.093
桂阳县	0.645	0.130	0.000
零陵区	0.671	0.141	0.048
会同县	0.727	0.152	0.053
新化县	0.748	0.234	0.121
古丈县	0.809	0.315	0.116

根据上述减产率大于某一阈值的概率将各个区县的水稻产量风险按照高中低进行风险区划，得到湖南 94 个区县水稻生产风险区划的结果。可以看出长沙县、株洲县、衡南县、衡东县、衡山县、常宁市、新宁县、安化县、武冈市、津市、武陵源区、慈利县、赫山区、南县、祁阳县、东安县、靖州县、新化县、吉首市、泸溪县、保靖县、古丈县等的水稻单产风险稍大，而湘潭县、湘乡市、南岳区、邵东县、岳阳县、平江县、临湘市、武陵区、鼎城区、桂阳县、宁远县、沅陵县、洪江市、双峰县、龙山县等的水稻单产风险较小。

5.2 水稻价格风险测度

5.2.1 水稻价格风险测度方法及模型

（1）水稻价格风险测度方法。水稻价格风险测度有很多不同的方法：敏感性法、波动法和在险值（Value at Risks，VaR）方法等。敏感性法认为影响价格的市场因子变化和价格对影响因子变化的敏感度是造成价格风险的重要因素，据此以久期、β值、凸性等敏感性指标来测量风险。波动法最早由马科维茨创建的经典均值—方差投资组合理论来阐述，以方差来表示市场因子的变化导致的价格变化程度。敏感性法和波动法给出的敏感值或方差等指标都是间接衡量价格风险程度，不能准确测量价格风险的具体数值。VaR 方法则以价格风险值大小来直接衡量风险程度[123]，在实际中得到了广泛的应用。徐磊和张峭（2011）拟合国际大米市场价格分布，测算了大米价格的 VaR[124]，张峭等（2016）采用 VaR 方法对我国 5 种畜产品市场价格进行了风险度量[125]。

VaR 表示的是资产组合在未来的一段特定时间内遭受的最大损失值，计算 VaR 必须在正常的市场波动情况下。

$$prob(\Delta p < -VaR) = 1 - c \tag{5-8}$$

其中，$prob$ 为概率，$\Delta p = p(t+\Delta t) - p(t)$ 为 t 时刻起，Δt 时间内的资产组合的损失，可以用绝对损失值或损失收益率来衡量。$p(t)$ 为 t 时刻的资产组合价格，c 为置信度。持有期和置信度是影响 VaR 的主要参数。通常情况下，持有期越长，资产组合面临的风险越大，则 VaR 就越大。持有期的选择可以根据资产组合的流动性来判断。通常假设资产组合的头寸不变来计算 VaR。如果资产交易频繁，则选择较短的持有期，以避免持有期过长导致的数据获取困难、信息失真较多等问题。置信水平的选择一般采用常用的几个置信水平，具体数值根据对风险的厌恶程度进行设置。面临的价格风险较大的时候，对风险厌恶程度大的，选择其中较高的置信水平。

VaR 有绝对 VaR 和相对 VaR 之分，绝对 VaR 以资产组合原有价格为基点，而相对 VaR 以资产组合价格的均值为基点。假设资产组合的原始价格为 P_0，资产组合的投资收益率均值为 μ，方差为 σ，持有期内的收益率为 R。在绝对 VaR 下，

$$\Delta p = p(t+\Delta t) - p(t) = P_0(1+R) - P_0 = P_0 R \tag{5-9}$$

在相对 VaR 下，

$$\begin{aligned}\Delta p &= p(t+\Delta t) - p(t) = P - E(P) = P_0(1+R) - E[P_0(1+R)] \\ &= P_0(R-\mu)\end{aligned} \tag{5-10}$$

若资产组合收益率 R 服从 $f(r)$ 的概率密度分布，则在绝对 VaR 下有：

$$prob(\Delta p < -VaR) = \int_{-\infty}^{-VaR} P_0 f(r)\mathrm{d}r = 1 - c \tag{5-11}$$

若 R 服从 $N(\mu, \sigma)$ 的正态分布，则

$$\begin{aligned}prob(\Delta p < -VaR) &= prob\left(\frac{R-\mu}{\sigma} < \frac{-\frac{VaR}{P_0} - \mu}{\sigma}\right) \\ &= \int_{-\infty}^{-\frac{\frac{VaR}{P_0}+\mu}{\sigma}} \frac{1}{2\pi}\exp\left(-\frac{x^2}{2}\right)\mathrm{d}x = 1 - c\end{aligned} \tag{5-12}$$

可以推导出，

$$\int_{-\infty}^{\frac{\frac{VaR}{P_0}+\mu}{\sigma}} \frac{1}{2\pi}\exp\left(-\frac{x^2}{2}\right)\mathrm{d}x = c \tag{5-13}$$

设 ϕ^{-1} 为正态分布的反函数，则有

$$VaR = [\phi^{-1}(c) - \mu] \times \sigma \times P_0 \tag{5-14}$$

在相对 VaR 下，

$$VaR = \phi^{-1}(c) \times \sigma \times P_0 \tag{5-15}$$

（2）ARCH 类模型及设定。由于大多数品种的粮食产品为可储存商品，库存的结转造成粮食价格的方差存在自相关[126]，所以采用 ARCH 类模型进行粮食价格的分析是必要的。孙林和倪卡卡（2013）基于 T 分布下的 EGARCH 模型对大米价格进行了波动的集聚性、对称性的研究[127]。周莹和焦建玲（2011）采用 GARCH-VaR 模型对石油价格风险的研究显示，GARCH-VaR 模型比传统基于方差的 VaR 方法有更加精确的结果[128]。

Engle 在 1982 年提出自回归条件异方差（ARCH）模型，用条件异方差来解释序列在不同时期波动大小的不同，用自回归解释波动之间的关系[129]。ARCH 模型如下：

$$Y_t = X_t{}'\beta + \varepsilon_t \tag{5-16}$$

$$h_t = \alpha_0 + \sum_{i=1}^{q} \alpha_i \varepsilon_{t-i}^2 \tag{5-17}$$

上述两式中，公式 5－16 为均值方程，Y 为被解释变量，X 为解释变量，β 为解释变量的参数，ε 为随机扰动项。公式 5－17 为方差方程，h 为 ε 的条件方差，α 为 ε 的参数，q 为随机扰动项方差的自回归的滞后阶数。

Bollerslev 在 1986 年提出了广义自回归条件异方差模型（GARCH）以解决在某些时间序列分析中自回归阶数 q 取值较大的困扰[130]。将 ARCH 模型中的方差方程修改为：$h_t = \alpha_0 + \sum_{i=1}^{q} \alpha_i \varepsilon_{t-i}^2 + \sum_{j=1}^{p} \theta_j h_{t-j}$ 。其中，$\sum_{i=1}^{q} \alpha_i \varepsilon_{t-i}^2$ 为 ARCH（q）项，$\sum_{j=1}^{p} \theta_j h_{t-j}$ 为 ARCH（p）项，α、θ 为回归参数，q、p 分别为各自自回归的滞后阶数。实际运用中，GARCH 的阶数 q 值远比 ARCH 模型中的 q 值小。一般情况下，GARCH（1，1）模型就能够刻画大部分的金融时间序列数据。

为了解释金融资产的投资回报率，Engle 等人在 GARCH 模型的均值方程中加入条件方差 h，形成了 GARCH-M 模型。均值方程变为 $Y_t = X_t{}'\beta + \rho h_t +$

ε_t。条件方差 h 代表了期望风险的大小，当其系数 ρ 显著大于零时，认为资产具有高风险高回报特性。

在 GARCH 模型中，条件方差 h 取决于残差的绝对值，跟其正负关系无关。资产价格上涨和下降幅度相同时，其波动往往是不一样的。经验表明：价格下降带来的波动往往比价格上涨带来的波动更大。也就是说，外部的市场信息冲击对波动的影响是不对称的。T-GARCH 模型通过增加虚拟变量来解释这种非对称性。此时条件方差为：

$$h_t^2 = \alpha_0 + \sum_{i=1}^{q} \alpha_i \varepsilon_{t-i}^2 + \sum_{j=1}^{p} \theta_j h_{t-j}^2 + \gamma \varepsilon_{t-1}^2 d_{t-1} \tag{5-18}$$

其中，d_t 是一个虚拟变量，满足

$$d_t = \begin{cases} 1, \varepsilon_t < 0 \\ 0, \varepsilon_t > 0 \end{cases} \tag{5-19}$$

当 $\gamma>0$ 时，负向冲击比正向冲击对波动的影响更大；当 $\gamma<0$ 时，负向冲击比正向冲击对波动的影响更小。

5.2.2 水稻市场价格数据选择

水稻价格是影响稻农收入的主要因素。水稻价格的波动会引起粮食价格、畜产品价格以及社会整体物价水平的变化，影响农民收入和社会经济稳定。我国现有多重水稻价格体系，包括粮食收购价、农产品集贸市场价格以及期货市场价格。我国实行的是以粮食最低收购价为主，储备价格以及临时售出价格为辅的价格政策。这套粮食价格托底的体系为粮食生产的稳定和农户收入的增加起到了积极作用，维护了国家粮食安全。但是最低收购价年年提高，一定程度上影响了粮食价格对供求关系的调节作用。近年来我国粮食价格已逐步超过了国际粮价，国外低价大米涌入国内，国内粮食价格面临着非常大的下行压力。2016 年和 2017 年，国家发改委连续两年下调了早籼稻、中晚籼稻和粳稻的最低收购价。更为关键的是，国家已经推出了部分地区的棉花、大豆等农作物的目标价格制度来逐步代替最低收购价政策，未来粮食最低收购价政策会逐步退出。郑州商品交易所于 2004 年、2013 年和 2014 年分别开展了早籼稻、晚籼稻和粳稻的期货产品交易。水稻期货市场价格是以标准化、合约化的产品进行的大宗交易的市场价格，能有效反映市场价格的变化。

水稻最低收购价不能完全反映市场供求关系的变动，而水稻期货价格推出时间较短，因此都不适宜进行水稻价格风险分析。考虑到农户收割水稻后更多采用被收购或批发的方式，而非零售，故舍弃集贸市场价格，采用水稻批发市场价格数据。本章采用 1998 年 7 月到 2017 年 7 月的全国批发市场早籼稻（ER）和晚籼稻（LR）价格进行水稻价格风险测算，数据来源于中国农业信息网。

从图 5－1 可以看出，在 1998 年 8 月到 2017 年 7 月的 19 年间，早籼稻价格从 1 220 元/吨上涨到 2 566 元/吨，上涨了 110.33%，年均增长 5.81%，年复合增长率 4.00%；晚籼稻价格则从 1 520 元/吨上涨到 2 747 元/吨，上涨了 80.72%，年均增长 4.25%。全国批发市场的早籼稻和晚籼稻的价格走势基本一致，水稻价格基本保持随时间增长而增长的趋势，但是过程呈现出一定的波动性。就早籼稻而言，227 个月份中，有 123 个月份的价格环比上涨，97 个月份的价格环比下降，有 7 个月份的价格与上月持平。其中，2000 年 3 月、1999 年 6 月和 1999 年 8 月的月环比价格分别为－8.37%、－8.29% 和－6.14%。而 2004 年 3 月和 2003 年 11 月、2008 年 8 月的月环比价格分别为 18.35%、10.69%和 5.62%。可见，水稻的价格波动较为剧烈，且可能存在极值风险。

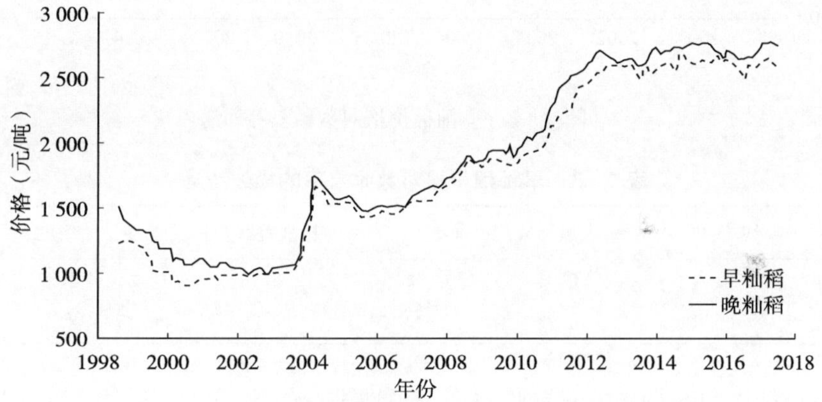

图 5－1　早籼稻和晚籼稻批发市场价格

5.2.3　水稻价格风险测度及其结果

（1）水稻价格数据特征及价格收益率模型建立。对价格风险进行计量时，通常采用价格收益率指标来进行计算。收益率指标有两类，百分比收益率和对数收益率。百分比收益率是指本期价格对上一期价格的涨幅，对数收益率是指本期价格与上一期价格比值的对数。

由于对数收益率具有一阶差分形式，能更好地反映金融时间序列数据的相关特性，采用对数收益率 $r_t=\ln P_t-\ln P_{t-1}$ 来进行价格波动性分析。其中，

P_t、P_{t-1}分别为第 t 期、第 $t-1$ 期的价格。

从图 5-2 可以看出，早籼稻价格对数收益率的变动基本上围绕在“0”值附近上下波动，且收益率在 0 以上或 0 以下的情况连续出现，波动呈现出一定的集群性。从统计指标来看，其峰度远大于标准正态分布的 3，水稻价格对数收益率具有“尖峰厚尾”的金融时间序列数据特征。从表 5-3 可以看出，早籼稻和晚籼稻的 J-B 统计值均较大，显然不符合正态分布。

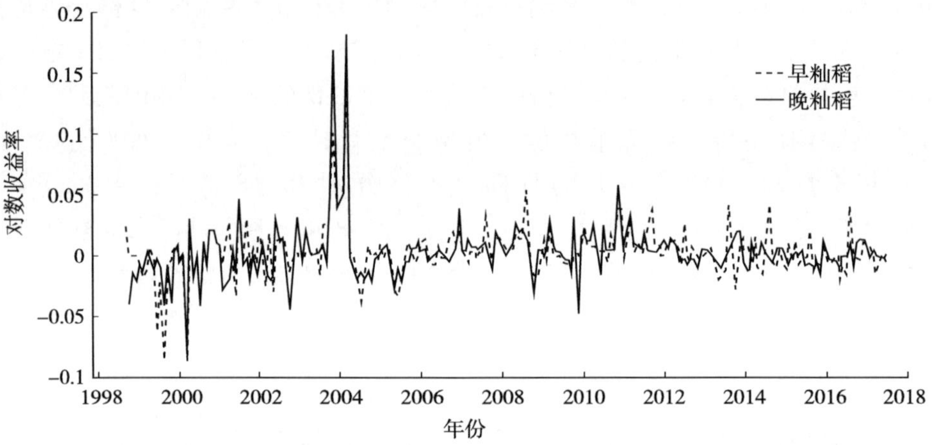

图 5-2　早籼稻价格对数收益率

表 5-3　早籼稻价格对数收益率的描述统计

品种	均值（%）	最大值（%）	最小值（%）	标准差（%）	峰度	偏度	J-B 值
早籼稻	0.33	16.85	−8.75	2.26	15.26	1.57	3 249
晚籼稻	0.26	16.74	−8.46	2.29	20.45	2.67	5 746

对早籼稻和晚籼稻的对数收益率平稳性进行检验，以避免因模型不平稳导致的伪回归。ADF 检验结构显示，早籼稻和晚籼稻的 ADF 值分别为−4.832 5 和−7.470 5，小于 1%显著水平下的临界值。可以认为，早籼稻和晚籼稻的对数收益率均为平稳序列。

通过绘制早籼稻价格对数收益率的自相关及偏自相关图，可以发现 Q 统计量的值大于显著性水平为 1%的临界值。这说明早籼稻价格对数收益率不同时为 0，也就是说其存在相关性。晚籼稻价格对数收益率也存在同样的情况。采用 SC 和 AIC 最小准则，确定 ARIMA（2，2）和 ARIMA（4，2）作为早籼稻和晚籼稻价格对数收益率的均值方程。

为证实对数收益率是否有异方差，对上述均值方程的残差项平方进行

ARCH-LM 检验，结果如表 5-4 所示。

表 5-4 水稻价格对数收益率的 ARCH-LM 检验

滞后阶数	早籼稻		晚籼稻	
	F 统计量	Prob	F 统计量	Prob
1	0.981 491	0.322 9	0.139 138	0.309 1
2	1.041 692	0.354 6	0.516 643	0.597 2
3	0.684 68	0.562 3	0.345 645	0.792 3
4	5.195 62	0.000 2	11.586 93	0.000 0
5	4.758 39	0.000 4	9.193 936	0.000 0

结果表明：对早籼稻而言，当滞后阶数为 4 的时候，F 统计量为 5.915 62，P 值为 0.000 2，残差存在高阶的异方差；对晚籼稻而言，当滞后阶数为 4 的时候，F 统计量为 11.586 93，P 值为 0.000 0。可见，早籼稻和晚籼稻对数收益率均值方程的残差平方项均存在高阶的 ARCH 效应。为避免估计过多的参数，采用低阶的 GARCH 进行方差方程建模，通常采用 GARCH（1，1）、GARCH（1，2）和 GARCH（2，1）。根据 AIC 最小和模型系数要求，选择 GARCH（1，1）和 GARCH（2，1）对早籼稻和晚籼稻价格的对数收益率进行建模。为了分析对数收益率波动的高风险性和非对称性，对模型进行适当扩展，增加 GARCH-M 和 TGARCH 模型。结果如下所示：

从表 5-5 可以看出，残差服从正态分布的模型拟合程度较好，每个参数均通过了 1%的显著性检验，方差方程的每个参数均为正值，可见早籼稻价格对数收益率序列有波动的集聚性，上一期价格的波动会对本期价格波动有正向冲击，在较大的波动后面紧接着的是持续时间更久的波动。α_0、α_1 和 θ_1 三者之和为 0.847，可知过去波动的影响会迅速消失。三种分布下的 GARCH（1，1）-M 模型的 ρ 都不是很显著的大于 0，早籼稻市场不存在高风险高回报的特征。TGARCH（1，1）模型在三种残差分布下均不显著，早籼稻价格波动不存在非对称性。

采用同样方法对晚籼稻价格对数收益率建立 GARCH 类模型，结果见表 5-6。从 AIC 值更小和参数显著性水平更高两个评价标准看，对于晚籼稻价格广义自回归条件异方差模型而言，残差服从正态分布的模型拟合程度较学生 t 分布和 GED 分布更好，其中门限广义自回归条件异方差模型更优，每个参数都通过了 5%的显著性检验。方差方程的每个参数均为正值，可知类似于早籼稻，晚籼稻价格对数收益率序列也具有集聚性，上一期价格的波动对本期价格

表 5-5　不同残差分布下早籼稻价格对数收益率的 GARCH 类模型比较

项目	Normal 分布			Student-t 分布			GED 分布		
	GARCH (1, 1)	GARCH (1, 1) -M	TGARCH (1, 1)	GARCH (1, 1)	GARCH (1, 1) -M	TGARCH (1, 1)	GARCH (1, 1)	GARCH (1, 1) -M	TGARCH (1, 1)
AR (1)	−1.210***	−1.249***	−1.176***	−0.362	−0.584**	−0.265	−0.025	−0.053	−0.027
AR (2)	−0.582***	−0.630***	−0.592***	0.108	0.106	0.057	0.025	0.001	0.048
MA (1)	1.308***	1.335***	1.291***	0.472	0.674**	0.378	0.094	0.101	0.094
MA (2)	0.748***	0.785***	0.756***	0.065	0.048	0.109	0.239**	0.264***	0.222*
ρ		0.137*			0.077			0.009	
α_0	0.000 1***	0.000***	0.000***	0.000	0.000	0.000	0.000	0.000	0.000
α_1	0.389***	0.366***	0.327***	0.548	0.577	0.483	0.312	0.307	0.314
θ_1	0.458***	0.528***	0.545***	0.410*	0.364*	0.401**	0.437	0.427	0.432
γ			0.124			0.435			−0.011
GED							0.815***	0.815***	0.807***
AIC	−4.993	−5.000	−5.000	−5.23	−5.22	−5.23	−5.22	−5.21	−5.21

注：*** 代表 1%显著性水平，** 代表 5%显著性水平，* 代表 10%显著性水平，GED 为 GED 分布的参数，下同。ρ 为 GARCH-M 模型的风险溢价值系数，γ 为 TGARCH 模型中的杠杆系数，下同。

表 5-6　不同残差分布下晚籼稻价格收益率的 GARCH 类模型比较

项目	Normal 分布			Student-t 分布			GED 分布		
	GARCH (1, 1)	GARCH (1, 1) -M	TGARCH (1, 1)	GARCH (1, 1)	GARCH (1, 1) -M	TGARCH (1, 1)	GARCH (1, 1)	GARCH (1, 1) -M	TGARCH (1, 1)
AR (1)	0.187 5***	0.181 0***	0.149 6***	0.111 4**	0.111 3**	0.091 2*	0.087 3**	0.106 9**	0.080 2*
AR (2)	0.427 4***	0.431 5***	0.455 2***	0.234 7****	0.234 3***	0.231 2***	0.183 8***	0.183 0***	0.187 7***
MA (1)	0.235 5***	0.240 7***	0.242 6***	0.168 3***	0.168 1***	0.165 0***	0.159 4***	0.164 4***	0.159 8***
MA (2)		−1.623 1**			0.025 6			0.764 6	
ρ	0.000 0*	0.000 0*	0.000 0**	0.000 1	0.000 1	0.000 1	0.000 0	0.000 0	0.000 0
α_0	0.914 3***	0.923 1***	0.645 9***	0.506 6	0.506 5	0.238 8	0.435 1***	0.455 9***	0.394 7***
α_1	0.108 1*	0.100 3*	0.039 4**	0.318 9	0.320 2	0.477 7	0.254 0	0.249 3	0.226 7
θ_1	0.279 9***	0.272 3***	0.318 2***	0.199 1	0.198 6	0.125 2	0.263 9	0.256 5	0.276 7
γ			0.786 0**			0.538 8			0.330 1
GED							0.891 1***	0.894 6***	0.908 0***
AIC	−5.269 1	−5.264 0	−5.274 3	−5.482 2	−5.473 2	−5.484 5	−5.450 9	−5.442 5	−5.446 2

波动有正向影响。α_0、α_1 和 θ_1 之和为 1.004，可知过去波动的影响会缓慢扩散。

GARCH（1，1）-M 模型的风险溢价值 ρ 不显著，晚籼稻市场也不存在高风险高回报的特征。正态分布下的 TGARCH（2，1）模型虚拟变量的系数通过显著性检验，且值大于 0，负向冲击造成下一期价格更大的波动。

（2）水稻价格风险测度结果。根据对水稻价格收益率 GARCH 模型的分析结果，分别选择 GARCH（1，1）和 TGARCH（2，1）模型对早籼稻和晚籼稻价格收益率进行 VaR 的计算。

根据前述 GARCH 模型的相关参数，计算出早籼稻和晚籼稻价格收益率的条件方差，结果见表 5-7。

表 5-7　水稻价格收益率的条件方差

品种	均值	标准差	最大值	最小值	计数
早籼稻	0.020 8	0.010 7	0.110 1	0.013 7	225
晚籼稻	0.020 7	0.018 0	0.121 3	0.006 4	223

由表 5-7 可知，早籼稻价格收益率条件方差的均值为 0.020 8，标准差为 0.010 7，最大值为 0.110 1，最小值为 0.013 7，整体曲线呈现右偏。晚籼稻价格收益率的方差较早籼稻更大，其极值空间也稍大。

根据公式：

$$VaR = \varphi^{-1}(c) \times \sigma \times p_0 \qquad (5-20)$$

在置信度为 95%和 99%的条件下，计算早籼稻和晚籼稻的价格在险值。

表 5-8　水稻价格在险值

品种	置信水平（%）	均值（元/吨）	标准差（元/吨）
早籼稻	95	59.191 7	30.882 8
	99	83.716 1	43.678 2
晚籼稻	95	57.413 0	43.287 4
	99	81.928 7	61.008 4

由表 5-8 看出，在 95%的置信水平下，早籼稻价格月损失为 59.191 7 元/吨，晚籼稻价格月损失为 57.413 0 元/吨。在 99%的置信水平下，早籼稻价格月损失为 83.716 1 元/吨，晚籼稻价格月损失为 81.928 7 元/吨。早籼稻和晚籼稻价格在险值的均值差距不大，而标准差呈现一定差距。考虑到晚籼稻价格均值较早籼稻价格均值更大，从价格在险值的均值角度看，晚籼稻的价格风险小于早籼稻的价格风险。

5.3 水稻收入风险分析

收入是价格和产量的乘积，收入风险包含价格风险和产量风险。由于此时产量和价格是一一对应的关系，而前文关于价格风险测度数所使用的月度数据，无法一一对应每年的单产数据，加上稻米期货数据较少，因而不使用稻米期货数据。在此采用湖南省历年的水稻单产和价格数据来分析。

5.3.1 湖南水稻种植收入状况

近年来，湖南水稻种植收入呈现较快上涨趋势，可见图 5－3。2016 年的收入为 17 651 元/公顷，是 1989 年的 3.71 倍。从近年的趋势来看，水稻种植收入呈现明显的上升下降周期性变化规律，1993—1996 年和 2006—2012 年，水稻种植收入呈现上涨趋势；1997—2003 年呈现明显的下降态势；2013 年以后，水稻种植收入增长缓慢。

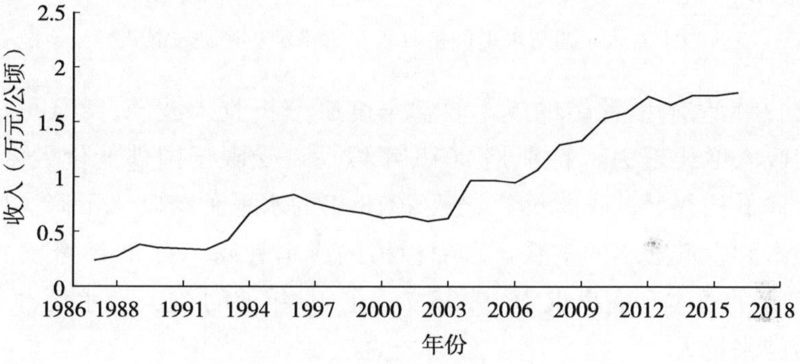

图 5－3 湖南水稻种植收入

5.3.2 湖南水稻种植收入风险分析

价格和单产均随着时间的增长而呈现趋势增长，这些增长并不能全部解释为波动。单产增长是随着技术发展呈现上涨趋势；而价格的增长更加明显，大部分可能是由于通货膨胀导致的货币贬值。要分析收入的波动，应该先将这些趋势增长的影响进行去除。通常有两种方法，一种是将各年的价格和单产数据调整到相同的年份，另一种是采用增长率指标进行计算。在后面关于收入保险定价部分，会对价格和单产进行趋势调整，以进行概率分布估算。在此，采用测算价格风险时的收益率（增长率）进行波动分析。

1987—2016 年，30 年内水稻单产、价格和收入的复合增长率分别为 40%、39%和 44%。其中，水稻单产处于一个较为稳定的区间，基本维持在 ±5%区间内。2002 年，单产的波动幅度在前两年 3%的正向波动后，达到 −5.2%，为历年单产波动幅度最高年份。价格和收入的波动幅度较大，1994 年、2004 年的收入增长（波动）率均较高，超过了 50%。从图 5－4 中可以看出，收入波动和价格波动高度相关，价格波动解释了大部分的收入波动。

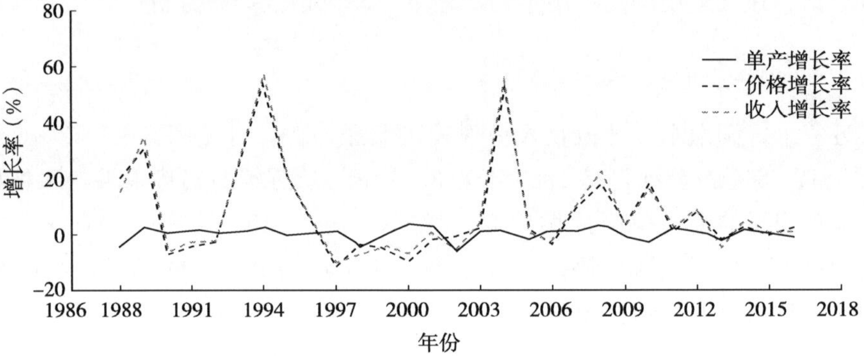

图 5－4　湖南水稻种植收入、价格和单产波动情况

表 5－9 是从水稻种植的成本收益角度来分析收入波动。2012—2017 年，水稻种植收入增长乏力，特别是 2016 年以后，受限于国外低价大米的涌入，国内连续调低稻谷最低收购价，导致 2016 年的水稻种植收入下降。同时受制于土地成本和生产成本的上涨，水稻种植的成本利润率自 2013 年开始明显下跌，2017 年的成本利润率仅为 10.95%，是 10 年前的 31%。水稻种植面临的价格风险越来越大。

表 5－9　稻谷每公顷成本收益情况

年份	主产品产值（元）	总成本（元）	生产成本（元）	土地成本（元）	净利润（元）	成本利润率（%）
2008	13 245	9 977	8 341	1 636	3 534	35.43
2009	13 747	10 247	8 409	1 838	3 768	36.77
2010	15 850	11 499	9 378	2 121	4 647	40.41
2011	18 745	13 455	11 060	2 395	5 569	41.39
2012	19 830	15 827	13 202	2 625	4 286	27.08
2013	19 317	17 267	14 367	2 899	2 322	13.45
2014	20 462	17 648	14 557	3 091	3 072	17.41

（续）

年份	主产品产值（元）	总成本（元）	生产成本（元）	土地成本（元）	净利润（元）	成本利润率（%）
2015	20 398	18 032	14 809	3 223	2 631	14.59
2016	19 892	18 027	14 698	3 329	2 129	11.81
2017	19 895	18 153	14 713	3 440	1 988	10.95

资料来源：历年《全国农产品成本收益资料汇编》。

本章小结

对湖南区县单产、价格以及收入风险进行分析，从湖南全省 122 个区县中选取了 94 个区县采用非参数信息扩散模型来求取县域水稻的产量风险。结果显示，长沙县、株洲县、衡南县等 23 个区县的水稻单产风险较高，而湘潭县、湘乡市等 15 个区县的水稻单产风险较小。

选取 1998 年 7 月到 2017 年 7 月年共 227 个月份的早籼稻和晚籼稻价格数据，构建 GARCH 类模型对早籼稻和晚籼稻价格的波动情况进行分析，结果显示价格存在波动的集聚性，过去波动对价格收益率的影响会缓慢消失，不存在高风险高回报特征。根据 GARCH 模型，预测在 95%的置信水平下，早籼稻价格月损失为 59.191 7 元/吨，晚籼稻价格月损失为 57.413 0 元/吨。

近年来，稻谷价格持续下降，水稻种植收入增长变缓，在成本刚性上涨的基础下，水稻种植的成本利润率下跌明显，水稻种植户面临的收入风险加大。

6 湖南水稻区域收入保险风险分布及保险定价

本章在前文风险分析基础上，利用 Copula 联合分布函数和 Monte Carlo 模拟方法进行水稻收入保险纯费率的厘定。根据分析结果确定不同区县合理的费率、保障额度和补贴比例，以此作为产品设计的依据，并为下一步的支付意愿和经济效果模拟评价研究提供支撑。

6.1 湖南区县水稻单产趋势调整及分布

6.1.1 水稻单产趋势调整

湖南省 94 个区县 1987—2016 年的水稻单产随着时间的增长而增长的态势非常明显，也就是说区县水稻产量的时间序列是非平稳变量。对时间序列的统计和分析必须保证其是平稳序列，平稳时间序列能提供其整体的随机性，这正是提取数据信息的重要前提。为此需要去除时间趋势，将历年的单产调整到 2016 年的水平，以保证在相同的生产力水平下单产数据的可比性。利用上文通过时间线性回归对单产数据进行趋势调整后的数据进行计算。设 y_{it} 为 i 地区第 t 年水稻的趋势单产，e_{it} 为 i 地区第 t 年水稻单产的随机波动项，$\hat{y}_{it}$ 为 i 地区第 t 年水稻的调整单产。则有：

$$\hat{y}_{it} = y_{i2016}\left(1 + \frac{e_{it}}{y_{it}}\right) \tag{6-1}$$

利用 Eviews6.0 软件对调整单产进行 ADF 平稳性检验，结果发现除津市和安仁县外，其余区县的水稻调整单产均通过了 5%显著性水平的平稳性检验。安仁县和津市的显著性水平分别为 5.5%和 7.3%，通过了 10%显著性水平的平稳性检验。

6.1.2 水稻单产分布

拟合水稻单产分布主要有参数估计法和非参数估计法[131-132]。参数估计法假定变量符合某种已知的分布形式[133]，如正态分布[134]，不同的分布对保险费率有一定影响[118]。非参数估计法则认为变量之间未必是线性关系或可线性化的非线性关系[10,135]。提前假设水稻单产符合某种分布可能与实际情况相背离，造成设定误差。非参数估计法不假定水稻单产的分布形式，非参数估计函数的每一点均由数据来决定。也就是说非参数估计法不利用有关数据分布的先验知识，对数据分布不附加任何假定，是一种数据驱动的方法。假设观察到某个县水稻单产出现了 6 850 千克/公顷这一数值，则这个县水稻单产为6 850 千克/公顷的概率密度很大，接近 6 850 千克/公顷的数出现的概率密度也较大，距离此较远的数出现的概率较小。对该县出现的 30 个调整单产数据均用距离远近去拟合该县水稻单产可能值的概率密度并进行平均，就可以得到该县水稻单产的非参数估计模型。非参数核密度估计方法具体参照前一章对非参数信息法的介绍。图 6－1 显示了茶陵县水稻单产非参数核密度估计曲线。

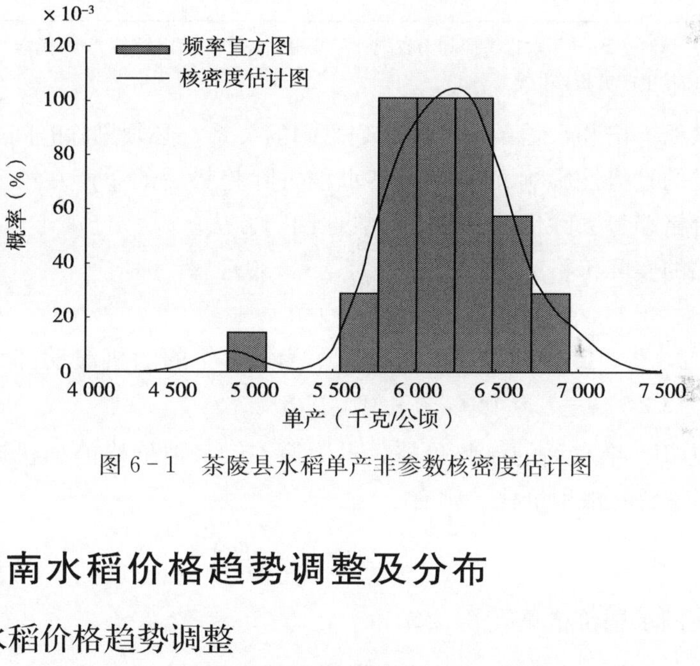

图 6－1　茶陵县水稻单产非参数核密度估计图

6.2　湖南水稻价格趋势调整及分布

6.2.1　水稻价格趋势调整

无论是水稻单产还是水稻价格，随着时间增长而增长的长期趋势是不变的。1987—2016 年的 30 年间，湖南省 94 个区县的水稻单产平均增长了 63%。增长幅度最大的保靖县，水稻单产从 2 441 千克/公顷增长到 6 467 千克/公顷，增长幅度为 165%。而水稻价格的增长幅度更大，2016 年的水稻价格为2.771 元/千克，是 1987 年水稻价格（0.426 元/千克）的 6.5 倍，见表 6－1。

表 6-1 1987—2016 年湖南省水稻价格

年份	稻谷单价（元/千克）	年份	稻谷单价（元/千克）	年份	稻谷单价（元/千克）
1987	0.426	1997	1.229	2007	1.705
1988	0.510	1998	1.188	2008	2.015
1989	0.667	1999	1.135	2009	2.093
1990	0.618	2000	1.022	2010	2.480
1991	0.592	2001	1.006	2011	2.500
1992	0.577	2002	1.002	2012	2.700
1993	0.719	2003	1.026	2013	2.640
1994	1.107	2004	1.572	2014	2.720
1995	1.337	2005	1.606	2015	2.714
1996	1.393	2006	1.550	2016	2.771

数据来源：1994—2016 年数据参照湖南省统计年鉴由稻谷产值除以稻谷产量计算，1987—1993 年数据参照全国稻谷生产者价格指数。

分析水稻价格和水稻单产两个序列之间的关系，必须剔除时间、技术进步等因素造成的趋势性影响。94 个区县水稻去除趋势后的单产在第 4 章已经求得，水稻价格趋势去除仍然采用时间线性回归方法。

设水稻的实际价格为 P_t（$t=1$，2，…，30），有

$$P_t = \alpha + \beta_1 t + \beta_2 t^2 + e_t \qquad (6-2)$$

其中，α、β_1、β_2 为时间 t 的参数，e_t 为第 t 年的随机波动部分。可以得出：$\alpha=0.6122$，$\beta_1=-0.097$，$\beta_2=0.0028$。

设P_t 为第 t 年水稻的趋势价格，e_t 为第 t 年水稻价格的随机波动项，$\hat{P}_t$ 为第 t 年调整后的水稻价格。则有

$$\hat{P}_t = P_{2016} \times \left(1 + \frac{e_t}{P_t}\right)$$

调整后的水稻价格见表 6-2。

表 6-2 调整后的湖南省水稻价格

年份	稻谷单价（元/千克）	年份	稻谷单价（元/千克）	年份	稻谷单价（元/千克）
1987	1.846	1991	2.423	1995	5.194
1988	2.209	1992	2.281	1996	4.542
1989	2.856	1993	2.730	1997	3.779
1990	2.595	1994	4.013	1998	3.438

（续）

年份	稻谷单价（元/千克）	年份	稻谷单价（元/千克）	年份	稻谷单价（元/千克）
1999	3.082	2005	2.947	2011	3.149
2000	2.603	2006	2.666	2012	3.205
2001	2.402	2007	2.750	2013	2.957
2002	2.239	2008	3.052	2014	2.877
2003	2.147	2009	2.977	2015	2.714
2004	3.080	2010	3.318	2016	2.771

6.2.2 水稻价格分布

要构造区域水稻单产和价格的联合分布，必须先确定边缘分布，前文已经确定了水稻单产的核密度概率函数。考虑到价格序列数据量偏少，仍然采用非参数核密度法来确定水稻价格的分布。经调整后的湖南省水稻价格基本统计情况如下：

表 6-3 水稻价格基本统计指标

项目	均值	标准差	偏度	峰度
数值	3.013 6	0.640 8	0.865 5	3.649 1

采用高斯核密度函数对调整后的价格进行估计，窗宽采用 Ker A P 和 Goodwin B K（2000）的方法[44]确定为 0.247 3，得到的非参数核密度估计图如图 6-2 所示。

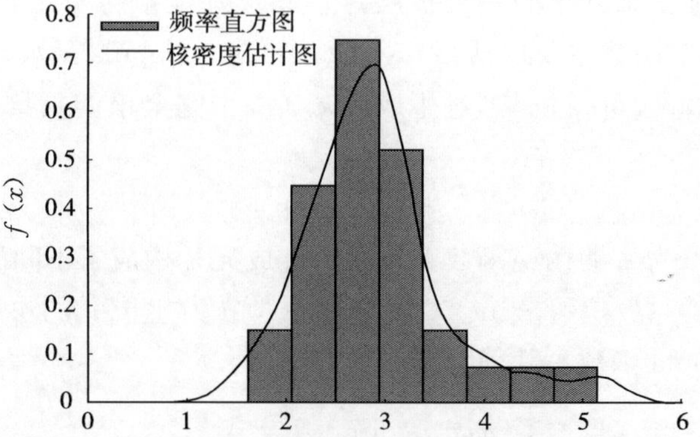

图 6-2 湖南省水稻价格的非参数核密度估计图

6.3 湖南水稻区域收入保险费率及保障水平确定

6.3.1 联合分布的 Copula 方法

构造价格和产量联合分布的方法有加权线性联合分布（Weighted Liner Combination）和 Copula 等方法。加权线性联合分布需要价格和产量具有相同的分布类型，如果两者分布类型不一致，需要进行转化，转化过程中难免造成信息的丢失[136]。而 Copula 函数可适应价格和产量各种不同的边缘分布类型[137]。

（1）Copula 函数定义及分类。Copula 函数可以用不同边缘分布的变量来构造联合分布。以二维随机变量为例，假设二维随机变量 X 和 Y，它们的边缘分布函数是 $F(x)$ 和 $G(y)$，它们的联合分布为 $H(x, y)$。根据 Sklar's 定理，存在唯一的 Copula 函数 C 使得：

$$H(x,y) = C[F(x),G(y)] \tag{6-3}$$

Copula 函数 C 本质上是边缘分布为 $F(x)$ 和 $G(y)$ 的随机变量 X，Y 的二元联合分布函数。

F 和 G 均为严格的增函数，它们有唯一的逆反函数 F^{-1} 和 G^{-1}。

令 $F^{-1}(u)=x$，$G^{-1}(v)=y$，$0\leqslant u$，$v\leqslant 1$，则有：

$$C(u,v) = H[F^{-1}(u),G^{-1}(v)] \tag{6-4}$$

Copula 函数主要有阿基米德 Copula 函数和椭圆 Copula 函数。阿基米德 Copula 函数结构简单，计算方便，可以构造出形式多样的、适应性强的多变量联合分布函数，能满足在金融、水文计算、岩土力学等大部分领域应用的要求，在实际应用中具有重要地位[46,138-139]。阿基米德 Copula 函数主要包括 Gumbel Copula、Clayton Copula 和 Frank Copula。椭圆 Copula 函数起源于椭圆分布，是多维正态分布的一种扩展，它能很好地拟合非正态分布和极值分布。椭圆 Copula 函数主要包括 Gauss Copula 和 t-Copula 函数。

Archimedean Copula 是通过生成元 ϕ（一个完全单调函数）构造而成的，其表示形式为：

$$C(u,v) = \phi^{(-1)}[\phi(u) + \phi(v)] \tag{6-5}$$

其中，$\phi^{(-1)}$ 为 ϕ 的伪逆函数。不同的生成元 ϕ 构成了不同的 Archimedean Copula 函数。当 $\phi(t)=(-\ln t)^{\theta}$（$t=u$ 或 v，θ 为生成元的参数，下同）时，为 Gumbel Copula 函数。其函数形式为：

$$C(u,v) = \mathrm{e}^{-[(-\ln u)^{\theta}+(-\ln v)^{\theta}]^{\frac{1}{\theta}}} \tag{6-6}$$

参数 θ 与 Kendall 秩相关系数 τ 的关系为：

$$\tau = 1 - \frac{1}{\theta} \tag{6-7}$$

Gumbel Copula 常被看作是二维极值分布，常用于极值事件的频率分析，如价格波动的谷底、相应的价格及谷底历时。

当 $\phi(t)=\ln\frac{e^{\theta t}-1}{e^{\theta}-1}$时，Archimedean Copula 函数为 Frank Copula。其函数表达式为：

$$C(u,v) = -\frac{1}{\theta}\ln\left[1+\frac{(e^{-\theta u}-1)(e^{-\theta v}-1)}{e^{-\theta}-1}\right] \tag{6-8}$$

Frank Copula 的参数 θ 与 Kendall 秩相关系数 τ 的关系为：

$$\tau = 1 - \frac{4}{\theta}[D_1(-\theta)-1] \tag{6-9}$$

式中，D_1 为一阶拜得函数，表达式为：

$$D_1(\theta) = \frac{1}{\theta}\int_0^{\theta}\frac{t}{e^t-1}dt \tag{6-10}$$

当 $\phi(t)=t^{-\theta}-1$ 时，Archimedean Copula 函数为 Clayton Copula。其函数表达式为：

$$C(u,v) = (u^{-\theta}+v^{-\theta}-1)^{-\frac{1}{\theta}} \tag{6-11}$$

Clayton Copula 的参数 θ 与 Kendall 秩相关系数 τ 的关系为：

$$\tau = \frac{\theta}{\theta+2} \tag{6-12}$$

线性相关参数 ρ 是 Gauss Copula 和 t-Copula 的重要参数。Gauss Copula 函数的边缘分布为标准的一维正态分布 ϕ，其函数表达式为：

$$C(u,v) = \int_{-\infty}^{\phi^{-1}(u)}\int_{-\infty}^{\phi^{-1}(v)}\frac{1}{2\pi\sqrt{1-\rho^2}}e^{-\frac{x^2-2\rho xy+y^2}{2(1-\rho^2)}}dxdy \tag{6-13}$$

t-Copula 是 Gauss Copula 的一个变形，当边缘分布为自由度为 n 的 t 分布 ϕ 时，二维 t-Copula 表达式为：

$$C(u,v) = \int_{-\infty}^{\phi^{-1}(u)}\int_{-\infty}^{\phi^{-1}(v)}\frac{1}{2\pi\sqrt{1-\rho^2}}\left[1+\frac{x^2-2\rho xy+y^2}{n(1-\rho^2)}\right]^{-\frac{n+2}{2}}dxdy \tag{6-14}$$

不同的 Copula 函数描述的尾部相关性是不一样的。椭圆 Copula 分布具有对称性，其描述的是对称的尾部相关性。当 $\rho<1$ 时，Gauss Copula 函数的尾部相关系数为 0，也就是说此时 Gauss Copula 函数无法描述变量的尾部相关性。而 t-Copula 函数能有效描述这个特性，因而在实际应用常被使用。Archimedean Copula 函数既能描述对称的尾部相关性，也能描述非对称的尾

部相关性。大部分情况下，Archimedean Copula 函数的尾部系数是不相等的。Gumbel Copula 的上尾相关系数为 $2-2^{\frac{1}{\theta}}$，下尾相关系数为 0；Frank Copula 函数的上、下尾相关系数均为 0；Clayton Copula 函数的上尾相关系数为 0，下尾相关系数为 $2^{\frac{1}{\theta}}$。

（2）Copula 函数的参数估计。Copula 函数参数的估计方法如下：首先根据下式计算随机样本的 Kendall 系数 τ。

$$\tau=\sum_{i<j}\frac{sign[(x_i-x_j)(y_i-y_j)]}{\frac{n(n-1)}{2}} \tag{6-15}$$

式中：n 是随机样本容量；$1\leqslant i$，$j\leqslant n$；当 $x_i\leqslant x_j$ 且 $y_i\leqslant y_j$ 时，$sign=1$，否则 $sign=-1$。

根据 τ 与 Archimedean Copula 生成元参数 θ 的关系式计算 Gumbel Copula、Clayton Copula、Frank Copula 的参数，根据 τ 与线性相关参数 ρ 的关系计算 Gauss Copula 和 t-Copula 函数的参数。

（3）Copula 函数的检验。Copula 函数的拟合检验采用图形分析法，根据经验 Copula 函数计算出的理论值与实际 Copula 函数的实测值之间的均方根误差 *RMSE* 评估拟合误差大小，*RMSE* 越小的函数拟合效果越好。设样本容量为 n 的随机变量 X 和 Y 联合实测值为 x_k、y_k，则经验 Copula 函数 C_e 为：

$$C_e\left(\frac{i}{n},\frac{j}{n}\right)=\frac{a}{n} \tag{6-16}$$

式中：$1\leqslant k$；i，$j\leqslant n$；令 x（i）表示 x 由小到大排列后第 i 个值，令 y（j）表示 y 由小到大排列后第 j 个值，a 是同时满足 $x_k\leqslant x(i)$，$y_k\leqslant y(j)$ 的联合实测值个数。

RMSE 计算公式如下：

$$RMSE=\sqrt{\frac{1}{n}\sum_{t=1}^{n}[p_c(i)-p_o(i)]^2} \tag{6-17}$$

其中 n 为样本容量，i 为样本编号，$p_c(i)$ 为经验 Copula 函数的实测概率值，$p_o(i)$ 为采用 Copula 函数计算得到的概率值。

二维概率分布函数是最早的确定联合分布概率的方法，一般要求两个边缘分布的分布形式是一致的，这限制了其在实际中的应用。非参数法不需要假定边缘分布的形式，采用数据驱动，能够较好地拟合实际数据，但是其预测效果较差，并且无法得知边缘分布的形式。Copula 函数通过边缘分布和相关性结构来构造二维联合分布，既能知晓边缘分布的类型，且边缘分布类型不要求一致，还能将边缘分布与变量之间的相关性分开来考虑，计算简单，成为近年来求解二维分布的主要方法。本书采用 Copula 方法来构造湖南区县水稻收入二维联合分布。

确定采用非参数核密度函数作为边缘分布后，以前文介绍的五种 Copula 函数作为连接函数，茶陵县水稻单产和价格的 Copula 函数拟合结果见表 6-4。

表 6-4 茶陵县水稻单产和价格的 Copula 函数拟合分析

序列名	Kendall 秩相关系数 τ	参数 ρ/θ	*RMSE*
Gaussian	−0.034	−0.022	0.034
t	−0.052	−0.033	0.037
Clayton Copula	0.055	−0.027	0.027
Frank Copula	−0.144	−0.016	0.033
Gumbel Copula	1.000	0.000	0.031

根据 *RMSE* 最小原则，茶陵县水稻单产和价格的最佳 Copula 联合函数为 Clayton Copula 函数。采用同样的方法，可以求得其余 93 个区县的最优 Copula 函数。

6.3.2 农产品保险纯费率厘定方法

（1）实际生产历史法。实际生产历史法假定农作物单产符合正态分布，其均值来源于历年单产的平均值，标准差为历年农作物单产的标准差。假定：

EL：农作物期望损失

EY：农作物历年单产的平均值

SD：农作物历年单产的标准差

Y：费率厘定年份农作物的单产

Y_c：农作物的保障单产，与 EY 相等

令 $A=\frac{1}{2\pi}e^{-\frac{(Y-Y_c)^2}{2(SD)^2}}$，$B=\frac{1}{1+b\left(\frac{EY-Y_c}{SD}\right)}$，

Bolt R R 和 J N Boles（1958）推导出纯费率公式[140]为：

$$P=\frac{EL}{Y_c}=\frac{(A+\alpha_1 B+\alpha_2 B^2+\alpha_3 B^3)(EY-Y_c)+A\times SD}{Y_c} \tag{6-18}$$

其中，b、α_1、α_2、α_3 为参数，其值分别为 0.332 7、0.436 2、−0.120 2 和 0.937 3。

实际生产历史法将费率厘定公式简化为一个简单算式，简洁明了，以历史

单产数据来确定农作物单产的均值和标准差，数据易于获取。但是实际历史生产法存在以下不足：一是假定农作物单产符合正态分布并不一定合理，各个地区、各个农户农作物生产的影响因素是不一样的，其单产分布并不一定符合正态分布；二是将农作物历年单产的平均值作为保障单产，可能会高估费率。因为农作物历年单产的趋势是随时间的增长而增长，保障单产为历年单产的平均值，会明显低于实际需要的保障单产，所以需要对历年单产进行趋势调整。

（2）经验费率法。相对于实际历史生产法，经验费率法在实际运用中更多地被采用。经验费率法以平均损失率近似求得纯费率。Goodwin B K（1994）对经费费率的定义是：农作物单产历年实际产量与理论产量的差值作为损失，损失率的平均值就是作物单产的经验费率[95]。经验费率法的关键在于求取作物历年单产的理论值。设农作物第 t 年的实际单产为 Y_t，根据某种方法计算出的理论单产为$\hat{Y}_t(t=1，2，\cdots，n)$，则保险费率为：

$$P=\frac{1}{n}\sum_{t=1}^{n}\max\left(\frac{\hat{Y}_t-Y_t}{\hat{Y}_t},0\right) \qquad (6-19)$$

经验费率法不需要对历年的作物单产进行趋势调整，因而比实际历史生产法更简单，但面临着如何保证历年作物单产理论值的置信度问题。

6.3.3 水稻区域收入保险纯费率厘定结果及分析

（1）收入保险纯费率厘定结果。在计算农产品产量保险纯费率时，可以通过参数估计法或者非参数估计法获取最优的单产概率密度函数，然后利用费率厘定公式通过直接积分求取纯费率。本书构造的收入函数是单产和价格联合分布的 Copula 函数，前文已经求出了 94 个区县最优 Copula 函数的类型及其参数值，但是利用 Copula 函数数学解析式直接套用费率厘定公式难以求解纯费率，可以考虑通过 Monte Carlo 模拟法来求解收入保险的纯费率。Monte Carlo 模拟法是一种基于“随机数”的计算方法，通过对大量随机数的统计分析来求解问题。采用 Monte Carlo 模拟法求解费率，不再按照费率厘定公式求解积分，而是通过大量求得的 Copula 函数值反向对接价格和单产数据，模拟出收入数据，根据经验费率法来获得结果。具体步骤如下：

①根据已知的 94 个区县水稻收入保险 Copula 函数类型和参数值随机生成 5 000 组单产 P 和价格 Q 的分布函数值。

②根据价格和单产的分布函数（分别为 F_1、F_2）的逆函数计算随机数列的原概率密度函数值 $P=F_1^{-1}(U)$、$Q=F_2^{-1}(V)$，以此作为单产和价格数据，将两组数据两两顺序相乘得到 5 000 个收入样本。

③取样本收入的平均值作为期望收入。

④设定保障水平 α，乘以期望收入得到保障收入。将样本值与保障收入进行比较得出期望损失值。根据经验费率公式求出一定保障水平下的收入保险费率。94 个区县 80%保障水平下的水稻收入保险费率见表 6-5。

表 6-5 94 个区县 80%保障水平下水稻收入保险费率

序号	县市区	费率（%）	序号	县市区	费率（%）	序号	县市区	费率（%）
1	武陵源区	5.00	33	武冈市	3.82	65	洪江市	3.54
2	慈利县	4.71	34	株洲县	3.82	66	桂东县	3.52
3	新化县	4.68	35	道县	3.81	67	东安县	3.52
4	南县	4.60	36	安化县	3.79	68	祁阳县	3.51
5	炎陵县	4.56	37	临武县	3.78	69	宜章县	3.51
6	宁远县	4.41	38	会同县	3.77	70	古丈县	3.50
7	吉首市	4.40	39	永定区	3.77	71	长沙县	3.49
8	辰溪县	4.36	40	泸溪县	3.76	72	永顺县	3.47
9	石门县	4.24	41	津市市	3.76	73	岳阳县	3.45
10	邵阳县	4.23	42	安乡县	3.75	74	衡东县	3.45
11	靖州县	4.18	43	汨罗市	3.74	75	澧县	3.44
12	花垣县	4.17	44	冷水滩区	3.73	76	汉寿县	3.44
13	醴陵市	4.14	45	宁乡市	3.70	77	临澧县	3.43
14	沅江市	4.13	46	湘潭县	3.70	78	华容县	3.42
15	江永县	4.13	47	沅陵县	3.69	79	永兴县	3.42
16	赫山区	4.11	48	临湘市	3.65	80	常宁市	3.41
17	新晃县	4.08	49	新邵县	3.65	81	耒阳市	3.41
18	衡南县	4.06	50	资兴市	3.64	82	蓝山县	3.41
19	桃源县	3.96	51	浏阳市	3.63	83	望城区	3.40
20	通道县	3.93	52	安仁县	3.61	84	江华县	3.40
21	武陵区	3.93	53	洞口县	3.60	85	桂阳县	3.40
22	祁东县	3.93	54	麻阳县	3.59	86	桑植县	3.40
23	凤凰县	3.93	55	邵东县	3.59	87	平江县	3.39
24	衡阳县	3.92	56	零陵区	2.59	88	新田县	3.39
25	湘乡市	3.91	57	资阳区	3.58	89	城步县	3.37
26	龙山县	3.89	58	嘉禾县	3.58	90	绥宁县	3.36
27	衡山县	3.88	59	茶陵县	3.58	91	溆浦县	3.35
28	鼎城区	3.86	60	攸县	3.57	92	韶山市	3.33
29	桃江县	3.84	61	芷江县	3.57	93	保靖县	3.27
30	双牌县	3.84	62	湘阴县	3.56	94	南岳区	3.19
31	新宁县	3.83	63	汝城县	3.54			
32	双峰县	3.82	64	隆回县	3.54			

（2）最高保障额度分析。Monte Carlo 模拟法求得各个区县的最高保障额度，可知：最高保障额度的地区差异较大。芷江县的最高保障额度高达 22 290 元/公顷，是最低的石门县 13 837 元/公顷的 1.61 倍。最高保障额度大于 20 500 元/公顷的区县有 16 个，小于 16 000 元/公顷的区县有 6 个，16 000～17 500 元/公顷的区县有 16 个。大部分区县最高保障额度集中在 17 500～20 500 元/公顷，占所有区县数的 68%。最高保障额度的分布体现一定的地区集中趋势。湘东地区的浏阳、醴陵、攸县、湘乡、湘潭和衡山以及湘西南的芷江、会同、绥宁、洪江、溆浦等地最高保障额度较高，在湖南省的中部形成了从长沙、湘潭、娄底到怀化的带型分布。湘西北的石门、临澧、鼎城、武陵、桑植、和古丈以及湘南的东安、双牌、东兴、江华等地区最高保障额度较低。最高保障额度的高低主要与当地的水稻单产水平相关，更多地体现了当地的自然条件和生产条件，地形地貌可能是影响最高保障额度的重要因素之一。长沙、株洲和湘潭等平原丘陵地区，湘西怀化山地丘陵地区的水稻单产高。而湘西山地地区的邵阳、常德部分地区以及湘西州等地的水稻自然生长条件相对较差，最高保障额度较低。

（3）保险费率分析。同一保障水平下的保险费率没有呈现类似最高保障额度的地区集中分布趋势，但四个保障水平下的地区保险费率按五档划分得出的分布地区大致一致。总体而言，永州零陵区及东安县、岳阳平江县，邵阳遂宁县及绥宁县和张家界桑植县等地保险费率相对较低；而张家界慈利县及武陵源区、湘西州的保靖县及古丈县、常德石门县、娄底新化县和永州宁远县等地保险费率较高。同一地区的保险费率存在一定差异，80%保障水平下，永州零陵区和江华县保险费率分别为 2.6%和 3.4%，而同属永州的宁远县保险费率为 4.4%，分别是前两者的 1.7 倍和 1.3 倍。

不同保障水平下的保险费率差距较大，保险费率随保障水平的上升快速上涨，但涨幅趋小。保险费率平均值在 70%保障水平下为 1.81%，在 80%保障水平下则增长到 3.74%，在 90%保障水平下为 6.81%，在 100%保障水平下高达 11.00%。可以看出，从 70%到 100%，保障水平每提高 10%，保险费率在原有基础上的增长率分别为 107%、82%和 62%。考察相同保障水平下的保险费率，费率差距具有同样的趋势。70%保障水平下的最高保险费率为 3.03%，最低保险费率为 1.09%，绝对差距为 1.94%，两者比值为 2.77。随着保障水平升高，绝对差距增大，相对差距变小。100%保障水平下，绝对差距增加到 3.2%，两者比值减少为 1.33。

为更直观地显示各区县不同保障水平下的水稻收入保险费率和单位面积保

费的差异，以各区县2013—2015年水稻单产的平均值作为预期产量，2015年湖南水稻价格作为预期价格，选取14个地级行政区各一个区县，以表6-6展示间隔为10%的70%～100%保障水平下的保险费率和单位面积保费。

表6-6　14个区县不同保障水平下的保险费率和单位面积保费

区县	70%		80%		90%		100%	
	费率（%）	保费（元/公顷）	费率（%）	保费（元/公顷）	费率（%）	保费（元/公顷）	费率（%）	保费（元/公顷）
浏阳市	1.73	344	3.63	721	6.67	1 325	10.07	2 000
攸县	1.66	330	3.57	709	6.53	1 297	10.69	2 124
湘潭县	2.10	426	4.14	840	7.39	1 500	11.51	2 337
衡南县	2.00	326	4.06	662	7.08	1 155	11.14	1 817
邵阳县	1.99	342	4.23	726	7.55	1 297	11.60	1 992
岳阳县	1.86	329	3.82	676	6.84	1 210	10.87	1 923
桃源县	1.91	314	3.96	651	7.18	1 180	11.60	1 906
武陵源	2.72	534	5.00	981	8.55	1 677	12.77	2 505
南县	2.39	415	4.60	798	7.65	1 327	11.47	1 990
零陵区	1.09	200	2.59	473	5.39	986	9.61	1 757
桂阳县	1.58	279	3.40	601	6.50	1 150	10.75	1 901
新化县	2.38	442	4.68	869	7.98	1 481	12.24	2 272
古丈县	1.63	206	3.50	443	6.65	841	11.10	1 405
会同县	1.90	418	3.77	830	6.72	1 479	10.87	2 391

本章小结

保险费率厘定有三种方法：按照费率厘定公式求解法、实际历史生产法和经验费率法。实际历史生产法假定收入服从正态分布，显然不适用于收入保险，直接按照费率厘定公式计算则遇到Copula函数数学解析式无法直接求解的问题，故采用经验费率法计算94个区县的水稻收入保险纯费率。根据均方根误差确定各个区县水稻收入的最优Copula函数类型，利用Monte Carlo模拟法生成价格和单产的随机分布函数序列，通过逆函数求解其概率密度函数，求得5 000对价格和单产数据，以经验费率法求得各个区县最高保障额度和间隔10%的70%～100%保障水平下的收入保险纯费率。结果显示，不同区域水稻收入保险的最高保障额度与当地自然生产条件相关。70%保障水平下的保险费率为1.09%～3.03%，100%保障水平下的保险费率高于现行5%的产量保险费率。

7 湖南水稻区域收入保险支付意愿分析

支付意愿指的是在当前的约束条件下，农户是否愿意购买保险产品。水稻收入保险产品作为一个新开发的保险品种，农户是否愿意购买是其开发设计、推广的前提条件。本章针对前文厘定了保险费率后所设计的区域收入保险产品，分析农户收入保险支付意愿及其水平的影响因素。

7.1 收入保险产品

本章选取永州市零陵区进行水稻收入保险农户支付意愿的调查分析，收入保险产品的类型、保障金额及水平、保险费率及补贴比例结合前文对美国农产品收入保险及收入保险定价的分析等进行确定。

（1）险种类型。美国收入保险产品主要有区域收入保险、个体收入保险以及全农场收入保险等，其中不附带收获期价格选择权的个体收入保险是最主要的产品类型。区域收入保险以一个地区的产量和价格为基准计算保障收入，在现有统计条件下，以湖南各区县为单位的区域产量和价格数据资料较丰富，能进行有效的费率厘定。个体收入保险针对的是单个农户单一农作物品种的保障，不存在“基差风险”，是比区域收入保险更加合适的险种。我国水稻种植业目前正处于小农经济向规模化经营发展的过程中，小农户历年的产量难以获取，而以种粮大户、家庭农场以及水稻专业合作社为主的规模经营户虽然产量数据较为齐全，但其发展时间短，难以满足水稻收入保险产品设计对数据的要求。针对种粮大户、家庭农场以及水稻专业合作社等规模经营户开展以县区为单位的区域收入保险产品试点是湖南水稻收入保险目前的可行方向。因此以区域水稻收入保险作为分析支付意愿影响因素的险种。

（2）保险费率。前文对收入保险定价分析的结果显示零陵区水稻收入保险的最高保障额度为18 291元/公顷，80%、85%和90%保障水平下的费率分别为2.59%、3.99%和5.39%。与一般财产保险费率类似，农业保险费率也包括纯费率、附加费率和预定利润率三个部分。纯费率用于应对风险损失，根据一定的风险损失率计算，也称作风险损失率；附加费率用于覆盖农业保险产品的运营管理成本，一般参照纯保费的一定比例计提；预定利润率用于保证农业保险经营的盈利。根据财政部、农业农村部和银保监会《关于开展三大粮食作物完全成本保险和收入保险试点工作的通知》（财金〔2018〕93号）的规定，试点收入保险的保险费率应按照保本微利原则厘定，原则上风险保费不低于80%，费用附加不高于20%。由于农业保险为政策性保险，预定利润率不超过5%。按照纯费率3.99%、附加费率20%和预定利润率5%计算，零陵区在85%保障水平下的收入保险费率约为5%。

（3）投保单元的设置。在湖南水稻产量风险评估中对全省94个区县的风险区域进行了划分，分为低风险区、中风险区和高风险区。在水稻收入保险费率厘定中，也对不同区县进行了划分。投保单元的设置应该考虑风险区划，以更小的风险区划来设置投保单元，能提高收入保险的费率厘定精度，确保收入保险的运行效率。美国农产品收入保险设置了四种投保单元，其中基本单元和选择单元针对农户的单一农产品，而企业单元和农场单元针对企业或农场的全部产品。以湖南地区的实践而言，水稻种植户在水稻生产外，还从事其他农作物生产的比例并不高。即使从事其他农作物生产，在水稻收割后到水稻插秧前的空闲阶段所种植的其他农产品的产量也较低，因此可以暂时不考虑设置企业单元和农场单元，以选择单元和基本单元作为投保单元的基本单位。由于前文只研究到区县一级的风险区划，所以将整个区县作为一个投保单元，所有在该区县的水稻种植户均可按照统一标准进行投保。虽然此种投保单元的设置不能满足不断涌现的规模种植户的个性化需求，但仍然是一个可行的选择。

（4）保障水平设置。水稻收入损失可以分为农户自己承担的正常损失、巨灾风险损失以及保险层面的风险损失。收入保险的保障水平不宜设置为100%，以免只赔偿正常损失；也不宜过低，以致不足以覆盖巨灾风险损失。目前湖南各区县的水稻产量保险保障金额固定为5 400元/公顷，只有单一的保障水平，用于覆盖水稻种植的物化成本。相对于不同地区农户在水稻种植收入上的差异，水稻生产物化成本差距不大。如果收入保险只设置单一的保障水平，则不能满足不同农户对风险管理的需求，故应设置多层次的保障水平。考虑区域水稻收入保险，其保障水平刚开始时不需要设立过多的层次。美国联邦农产品保险产品在1980年只设立了三个层次的保障水平，后慢慢增加为50%～85%，间隔5%的8个层次。人保财险于2016年开始在江苏常州武进区等地针对农业合作社推出收入保险试点，其保障水平100%，区镇两级财政补贴80%。据江苏保险学会数据，2016年试点的4个水稻种植专业合作社累计投保水稻面积 113 公顷，赔付率 33%。2017 年，试点对象扩大到 11 个新型农业经营主体，赔付率 116%。就现有经验而言，保障水平超过 90%，保险公司面临的赔付率相应较高；保障水平低于 70%，则保障金额较低，对农户的吸引力不足。2018 年 8 月 20 日，财政部、农业农村部和银保监会在《三大粮食作物完全成本保险和收入保险试点工作方案》中规定："原则上，保障金额不得高于当年相应品种种植收入的 85%，农户自缴保费比例不得低于全部保费的 30%。"结合现有研究结果和政策文件，可以考虑将湖南区县水稻收入保险的保障水平设置为 80%、85%和 90%三个层次。

（5）保障金额设置。保障金额为保障单产和保障价格的乘积，确定保障金额需要单产和价格数据。前文采用统计年鉴的单产和价格数据计算了湖南各区县的水稻收入保险保障金额和保险费率。2018 年 8 月 20 日，财政部、农业农村部和银保监会在《三大粮食作物完全成本保险和收入保险试点工作方案》中规定："原则上，保障金额不得高于当年相应品种种植收入的 85%"。保障金额过低，对农户的吸引力不足。零陵区水稻保险的最高保障额度为18 291 元/公顷，按照 85%的保障水平确定水稻收入保险的保障金额为 15 547 元/公顷（合 1 036 元/亩）。为便于农户答题，在调研时，将保障金额设置为 15 000 元/公顷（合 1 000 元/亩）。

在实践中，对于区域收入保险，以区县前 3 年或前 5 年单产平均值作为保障单产，将区县当年的平均单产作为实际单产。对于个体收入保险，则需要提供投保农户（种粮大户、家庭农场及专业合作社）的前 3 年或前 5 年平均单产。统计年鉴的稻谷价格数据是现货价格，受到政府最低收购价政策、粮食储备政策等的影响，不能及时反映市场的变动，因此保障价格采用期货市场价格更为合适。收入保险的保障价格实际上是对未来市场价格的预测，期货市场较强的价格发现功能较好契合收入保险对价格数据的要求。湖南稻区一般是双季稻地区，早稻在 4 月中下旬插秧，7 月收割；晚稻在 7 月插秧，10 月收割。考虑到 1 月、5 月和 9 月的期货合约为农产品期货主力合约，可以早籼稻期 1 月份期货合约在 4 月的日平均价格作为保障价格，以晚籼稻 1 月份期货合约在 7 月的日平均价格作为保障价格。早稻的保障金额为区县历年单产与 1 月份早籼稻期货合约在 4 月的日平均价格之乘积，实际收入金额为当年区县单产与 1 月份期货合约在 7 月的日平均价格之积。

（6）保费补贴标准的确定。收入保险保障因自然灾害及市场因素导致的风险。由于市场风险更多是系统性的风险，各地区面临的风险差异主要体现在自然灾害风险上。在目前省级统一的保费费率基础上，经营高风险地区的保险公司面临的赔付风险显然要高于低风险和中风险地区。风险高的地区，其收入保险费率也高，也就是说费率的高低反映了风险水平的高低。在全省统一的保险费率基础上，高风险地区应该得到更高比例的保费补贴。若全省各地有不同的保险费率，则可以采用统一的保费补贴比例。保费补贴比例还应与保障水平相关联。对同一保险产品而言，保障水平越低，给予的保费补贴比例应该越高。

对投保湖南水稻产量保险的农户，县级财政补贴保费15%，省级财政补贴25%，中央财政补贴40%，财政共补贴保费的80%。目前普遍采用固定保险费补贴比例，即以保费的一定比例对农户进行补贴，不考虑保障品种、地区风险、费率以及保障水平的差异。人保财险2016年推出的武进区水稻收入保险，财政保费补贴比例为80%；2017年在张家港市开办的水稻收入保险，张家港市财政补贴80%。2018年四川崇州试点水稻收入保险，农业农村部和试点地区财政补贴80%的保费。2018年8月20日，财政部、农业农村部和银保监会在《三大粮食作物完全成本保险和收入保险试点工作方案》中规定："原则上，农户自缴保费比例不得低于全部保费的30%"，也就是说财政补贴比例为70%。补贴比例过低，对农户吸引力不足；补贴比例过高，政府财政负担较大。考虑到江苏常州武进区、苏州张家港市和四川崇州市水稻收入保险的保费补贴比例均为80%，且湖南原有水稻产量保险保费补贴比例也为80%，故将85%保障水平下的保费补贴比例设置为80%。

根据以上对水稻区域收入保险各要素的设置，以湖南省永州市零陵区作为算例展示水稻收入保险的内容，如表7-1所示。

表7-1 湖南永州零陵区水稻收入保险

项目	内容	2017年算例
预测价格	RI 1801期货合约4月份日平均价格	2 728元/吨
预测单产	2014—2016年零陵区稻谷平均单产	6 210千克/公顷
保障水平	80%～90%	85%
保障收入	预测价格×预测单产×保障水平	14 340元/公顷（956元/亩）
保险费率	纯费率×（1+20%）×（1+5%）	5%
保费补贴比例	80%	80%
实际单产	2017年零陵区稻谷平均单产	6 265千克/公顷
收获期价格	RI 1801期货合约7月份日平均价格	2 864元/吨
实际收入	实际单产×收获期价格	17 943元/公顷
赔偿金额	max（0，保障收入－实际收入）	0

数据来源：价格数据来源于郑州商品交易所，单产数据来源于湖南统计年鉴。

7.2 调研数据基本情况

针对保障金额为15 000元/公顷（合1 000元/亩），保险费率为5%，保费补贴比例为80%的水稻收入保险产品，在湖南省永州市零陵区进行支付意愿影响因素的调研数据收集。零陵区总面积1 986平方公里，土质肥沃、水源丰富，气候温和，阳光、水资源适宜种植杂交水稻，荣获“湖南省粮食生产优秀县区”称号，是国家大型商品粮基地、湖南省超级杂交稻“种三产四”丰产工程先进示范基地。据湖南省统计年鉴数据，2017年零陵区粮食种植面积6万公顷，年产稻谷33.98万吨。零陵区下辖8个镇、4个乡，具体为水口山镇、珠山镇、黄田铺镇、富家桥镇、菱角塘镇、邮亭圩镇、接履桥镇、石岩头镇；大庆坪乡、梳子铺乡、石山脚乡、凼底乡。本次选择在富家桥镇、邮亭圩镇、黄田铺镇和梳子铺乡进行调查。

本次调查时间为2018年12月到2019年1月和2019年4—5月，共发放调查问卷380份，收回有效问卷339份，回收率89%。其中种植面积2公顷（合30亩）及以上的种粮大户75户，种植面积2公顷（合30亩）以下的农户264户。对于种粮大户，由镇乡干部选择3～4个村庄进行面对面的访谈。一般农户由于部分外出务工等原因，由镇乡干部在农历新年及清明节前后，务工人员从外地归乡后开会时统一组织到村集体填写调查问卷。镇乡干部熟悉村庄的具体情况，作者也对镇乡干部进行了收入保险调查问卷的培训。

调查问卷分为四个部分，第一部分是农户个人和家庭特征，第二部分是风险态度和认知，第三部分是保险认知，第四部分是支付意愿和支付水平。具体见附录。被调查农户的基本情况如表7-2所示。

表7-2 被调查农户基本情况

项目	选项	样本数	比例（%）
户主性别	男	284	83.7
	女	55	16.3
户主年龄	＜30岁	6	1.8
	30～40岁	30	8.8
	40～50岁	170	50.1
	50～60岁	94	27.7
	＞60岁	39	11.5

（续）

项目	选项	样本数	比例（%）
户主文化程度	小学及以下	53	15.6
	初中	142	41.9
	高中（中专）	124	36.6
	大专	18	5.3
	本科及以上	2	0.6
水稻种植面积	<10 亩	180	53.1
	10～30 亩	84	24.8
	>30 亩	75	22.1
家庭水稻种植劳动力	2 人及以下	209	61.7
	3 人及以上	130	38.3
家庭收入	<6 万元	56	16.5
	6 万～10 万元	215	63.4
	>10 万元	68	20.1

7.3 农户水稻收入保险支付意愿影响因素分析

7.3.1 支付意愿基本情况分析

在 339 份有效调查样本的农户中，有水稻收入保险支付意愿的共有 207 户，占样本总数的 61.06%；没有支付意愿的 132 户，占 38.94%。从表 7-3 中可以看出有无支付意愿在户主年龄方面没有显著差异。有支付意愿的户主的受教育程度中高中及以上学历的占比要明显高于没有支付意愿农户中的占比，同样的趋势在家庭种植面积和家庭收入中也可以看到。表 7-4 列出了有无支付意愿的农户在风险和产品认知等方面的差异。

表 7-3 支付意愿调查：户主个人特征和家庭生计资本

变量	选项	有支付意愿		无支付意愿	
		频数	百分比（%）	频数	百分比（%）
户主性别	男	181	87.4	103	78.0
	女	26	12.6	29	22.0
户主年龄	<30 岁	3	1.5	3	2.3
	30～40 岁	11	5.4	19	14.3
	40～50 岁	110	53.1	60	45.5
	50～60 岁	59	28.5	35	26.5
	>60 岁	24	11.6	15	11.4

（续）

变量	选项	有支付意愿		无支付意愿	
		频数	百分比（%）	频数	百分比（%）
户主受教育程度	小学及以下	17	8.2	36	27.3
	初中	84	40.6	58	43.9
	高中（中专）	89	43.0	35	26.5
	大专	15	7.2	3	2.3
	本科及以上	2	1.0	0	0.0
家庭种植面积	＜5 亩	41	19.8	56	42.4
	5～10 亩	52	25.1	44	33.3
	10～30 亩	53	25.6	18	13.6
	30～100 亩	37	17.9	8	6.1
	＞100 亩	24	11.6	6	4.5
家庭劳动力	＜3	18	8.7	14	10.6
	4～5	131	63.3	84	63.6
	6～8	54	26.1	20	15.2
	＞9	4	1.9	4	3.0
家庭收入	＜5 万元	19	9.2	21	15.9
	5 万～10 万元	133	64.3	101	76.5
	10 万～20 万元	43	20.8	9	6.8
	＞20 万元	12	5.8	1	0.8

表 7-4　支付意愿调查：风险与产品认知

变量	选项	有支付意愿		无支付意愿	
		频数	百分比（%）	频数	百分比（%）
风险态度	极端厌恶	87	42.0	20	15.2
	中等厌恶	60	29.0	27	20.5
	风险厌恶	45	21.7	31	23.5
	风险中性	11	5.3	41	31.1
	风险偏好	4	1.9	13	9.8
近 3 年水稻种植收入损失	＜100 元/亩	46	22.2	98	74.2
	100～200 元/亩	37	17.9	8	6.1
	200～300 元/亩	51	24.6	14	10.6
	300～400 元/亩	51	24.6	2	1.5
	＞400 元/亩	22	10.6	10	7.6

（续）

变量	选项	有支付意愿		无支付意愿	
		频数	百分比（%）	频数	百分比（%）
价格波动幅度认知	很小	2	1.0	38	28.8
	较小	21	10.1	49	37.1
	一般	94	45.4	31	23.5
	较大	88	42.5	14	10.6
	非常大	2	1.0	0	0.0
收入风险大小认知	很小	17	8.2	0	0.0
	较小	18	8.7	47	35.6
	一般	122	58.9	41	31.1
	较大	45	21.7	40	30.3
	非常大	5	2.4	4	3.0
产量保险作用认知	没有作用	8	3.9	14	10.6
	作用很小	27	13.0	48	36.4
	有一定作用	55	26.6	47	35.6
	认同	96	46.4	21	15.9
	非常认同	21	10.1	2	1.5
保险费率认知	非常低	11	5.3	2	1.5
	较低	42	20.3	5	3.8
	合适	68	32.9	20	15.2
	较高	72	34.8	66	50.0
	非常高	14	6.8	39	29.5
保障水平认知	非常不满意	0	0.0	3	2.3
	较不满意	5	2.4	30	22.7
	一般	39	18.8	53	40.2
	较满意	115	55.6	43	32.6
	非常满意	48	23.2	3	2.3
补贴水平认知	非常不满意	2	1.0	2	1.5
	较不满意	5	2.4	36	27.3
	一般	51	24.6	65	49.2
	较满意	99	47.8	25	18.9
	非常满意	50	24.2	4	3.0

对没有支付意愿的农户进行调查，发现共有担心购买麻烦、担心理赔困难、保费太高、保额太低、没有听说以及不需要等原因，具体见表7-5。

表7-5 农户缺乏支付意愿的原因分析

原因	选择户数	百分比（%）
购买麻烦	7	5.30
理赔困难	15	11.36
保费太高	62	46.97
保额太低	18	13.64
没有听说（没作用）	55	41.67
不需要	36	27.27

在132户没有支付意愿的农户中，有62户选择了保费太高，占46.97%。其次是对收入保险没有听说，认为其没有太大作用的有55户，占41.67%。选择不需要收入保险的有36户，占27.27%。保险费率是水稻收入保险推广时最需要考虑的因素，针对原有的水稻产量，农户承担的保险费率为54元/公顷（合3.6元/亩）；按照收入保险的标准，则为150元/公顷（合10元/亩）的新标准，部分农户在未充分了解水稻收入保险的情况下，一时难以接受。虽然零陵区耕地流转较多，但是耕地面积2公顷（合30亩）以下的农户占比77.9%，0.67公顷（合10亩）以下的占53.1%。对耕地面积较小的农户而言，从水稻获取的种植收入占农户总收入的比重较小，导致农户不关心收入保险，或者认为不需要收入保险。

7.3.2 支付意愿影响因素分析模型

将水稻收入保险支付意愿（*wtp*）赋值为0和1，0代表没有支付意愿，1代表具有支付意愿。*wtp*作为被解释变量，通过个体特征、家庭生计资本、风险与产品认知等三类因素进行解释。个体特征包括户主性别（*gender*）、户主年龄（*age*）、户主受教育程度（*education*）；家庭生计资本包括水稻种植面积（*land*）、家庭劳动力（*population*）、家庭收入（*income*）；风险与产品认知包括风险态度（*attitude*）、近3年风险损失大小（*loss*）、价格波动幅度认知（*price*）、收入风险大小认知（*risk*）、产量保险作用认知（*yield*）、保险费率认知（*premium*）、保障水平认知（*level*）和保险补贴认知（*subsidy*）。各变量的赋值及统计数据见表7-6。

表 7-6 农户水稻收入保险支付意愿影响因素描述统计

变量			描述及赋值	均值	标准差	预期方向
被解释变量		*wtp*	是=1；否=0	0.62	0.49	
解释变量	个体特征	*gender*	男=1；女=0	0.84	0.37	?
		age	30 以下=1；30～40=2；40～50=3；50～60=4；60 以上=5	3.38	0.87	+
		education	小学及以下=1；初中=2；高中=3；大专=4；本科及以上=5	2.34	0.83	+
	家庭生计资本	*land*	10 亩以下=1；10～30 亩=2；30～50 亩=3；50～100 亩=4；100 亩以上=5	2.11	0.64	+
		population	实际人口数	4.86	1.34	+
		income	0～5 万元=1；5 万～10 万元=2；10 万～15 万元=3；15 万～20 万元=4；20 万元以上=5	2.22	0.88	+
	风险与产品认知	*attitude*	极端厌恶=1，中等厌恶=2；轻度厌恶=3；风险中性=4；风险偏好=5	2.36	1.21	−
		loss	100 以下=1；100～200 =2；200～300=3；300～400=4；400 以上=5	2.36	1.40	+
		price	很小=1 较小=2；一般=3；较大=4；非常大=5	1.87	0.99	+
		risk	风险小=1；风险较小=2；风险一般=3；风险较大=4；风险大=5	2.63	1.00	+
		yield	没有作用=1；作用很小=2；有一定作用=3；认同=4；非常认同=5	2.13	1.04	?
		premium	非常低=1；较低=2；合适=3；较高=4；非常高=5	2.50	1.04	−
		level	非常不满意=1；较不满意=2；一般=3；较满意=4；非常满意=5	2.65	0.89	+
		subsidy	非常不满意=1；较不满意=2；一般=3；较满意=4；非常满意=5	2.54	0.94	+

由于被解释变量为二值选择模型，可用 Probit 模型或 Logit 模型来验证解释变量对水稻收入保险支付意愿影响因素的显著性，并求得影响程度的大小。Probit 和 Logit 模型对影响因素的分析结果并不具有本质差异，故采用 Probit 模型进行分析。以是否愿意支付作为因变量构建概率方程，即用 14 个自变量

对 339 个样本进行概率估计，以确定农户水稻种植收入保险的影响因素。Probit 模型为：

$$probit(wtp = 1) = \Phi(\alpha' X) = \int_{-\infty}^{\alpha' X} \Phi(t) \mathrm{d}t \tag{7-1}$$

$$probit(wtp = 0) = 1 - \Phi(\alpha' X) = 1 - \int_{-\infty}^{\alpha' X} \Phi(t) \mathrm{d}t \tag{7-2}$$

其中，$\Phi(\cdot)$ 为正态分布的累积分布函数。

将上述两式按照回归方程表示如下：

$$\begin{aligned} wtp = {} & \alpha_0 + \alpha_1 gender + \alpha_2 age + \alpha_3 education + \alpha_4 land + \alpha_5 population \\ & + \alpha_6 income + \alpha_7 attitude + \alpha_8 loss + \alpha_9 price + \alpha_{10} risk + \alpha_{11} yield \\ & + \alpha_{12} premium + \alpha_{13} level + \alpha_{14} subsidy + \varepsilon_1 \end{aligned} \tag{7-3}$$

7.3.3 支付意愿影响因素分析结果

在 Stata12 软件中将上述数据输入，并对 *wtp* 因变量进行 Probit 估计，得到如表 7-7 所示结果。由于模型的稳健标准误与线性回归方程的标准误比较接近，可以推断模型设定正确。回归方程的整体 *P* 值极小，说明所有变量的系数联合显著性高，所有系数都为 0 的概率极小。

表 7-7 农户水稻收入保险支付意愿影响因素模型分析结果

解释变量	概率比	稳健标准误	*z* 值	*P* 值	平均边际效应	平均半弹性
gender	2.638 7	0.231 5	1.48	0.021	0.065	0.537 8
age	1.089 2	0.135 4	0.36	0.665	0.013	0.059 2
education	1.006 7	0.180 1	0.62	0.514	0.020	0.118 5
land	1.154 4	0.106 7	0.79	0.328	0.014	0.105 3
population	0.625 0	0.085 3	−2.37	0.001 4	−0.036	−0.275 6
income	3.374 9	0.204 6	2.45	0.001	0.088	0.692 6
attitude	0.446 1	0.117 8	−3.55	0.002	−0.047	−0.361 9
loss	1.121 3	0.085 6	0.52	0.523	0.010	0.055 3
price	1.912 8	0.138 7	1.65	0.024	0.050	0.317 1
risk	2.489 3	0.155 5	2.65	0.012	0.049	0.396 3
yield	2.434 5	0.140 5	2.76	0.002	0.064	0.449 6
level	4.608 0	0.178 7	−2.98	0	0.102	0.722 8
premium	0.403 6	0.123 9	3.92	0	−0.064	−0.456 0
subsidy	4.600 3	0.146 1	5.04	0	0.101	0.787 3
_cons	0.000 0	1.541 5	−4.81	0	0.065	0.537 8

注：Prob > chi2=0.000 0，Wald chi2（14）=88.60.

通过对 Probit 模型回归结果的分析，可以看出在农户水稻收入保险支付意愿的 14 个影响因素中，有 10 个因素影响较为显著，包括户主性别、家庭劳动力、家庭收入、风险态度、价格波动幅度认知、收入风险大小认知、产量保险作用认知、保障水平认知、保险费率水平认知以及补贴水平认知。按照影响程度从大到小排序为：保障水平认知＞补贴水平认知＞家庭收入＞户主性别＞产量保险作用认知＞价格波动幅度认知＞保险费率水平认知＞收入风险大小认知＞风险态度＞家庭劳动力。在这 10 个影响显著的因素中，家庭劳动力、对保险费率水平认知和风险态度对农户水稻收入保险支付意愿的影响为负相关。具体分析如下：

（1）个体特征。户主性别对农户收入保险支付意愿的影响较为显著，影响系数为正且较大。男性户主中愿意支付水稻收入保险的比率是女性户主的 2.64 倍。男性户主接触新事物的概率和兴趣较女户主更大，也愿意进行一定程度的风险投资，因而愿意购买收入保险的比率较高。

户主年龄因素在支付意愿影响因素模型中影响系数为正，这与原定的农户年龄越大，支付意愿越强的假设相符合。但是观察其平均边际效应系数为 0.013，绝对值在所有变量的平均边际效应系数中较小，且户主年龄没有通过 5％水平的显著性检验。可以认为，虽然户主年龄对支付意愿有正向影响，但是影响极小。虽然我们假设户主随着年龄增大，阅历增加，可能会增加收入保险支付意愿，但户主年龄越大，也可能思想趋于保守，对新生事物有一定的等待观察心理，因而户主年龄没有显著地影响支付意愿。

户主教育程度对水稻收入保险支付意愿的影响为正，与原有假设相符。户主受教育程度越高，其接受新事物的概率越高，对收入保险在水稻种植风险中的作用认识就越强，支付意愿也就越强烈。户主受教育程度没有通过 10％水平的显著性检验，这可能与户主的受教育程度分布有关，大部分户主的受教育程度均为初中及高中，分别占比为 41.9％和 36.6％。有支付意愿的农户中具有初中和高中学历的比例分别为 40.6％和 43.0％，差距不够显著，导致户主受教育程度对支付意愿影响不明显。

（2）家庭生计资本。家庭生计资本共有 3 个影响变量：家庭收入、家庭水稻种植面积以及家庭劳动力。其中家庭水稻种植面积对支付意愿影响的 P 值为 0.33，没有达到 10％水平的显著性要求。家庭劳动力对支付意愿影响的平均边际效应系数为－0.036，与原有假设不一致。

家庭收入影响变量通过了 1％的显著性水平检验，且平均边际效应系数为 0.088，这说明家庭收入对支付意愿有较强的正向影响。原预期家庭生计资本达到一定程度，家庭的抵抗风险能力足够强大，可能会降低收入保险的支付意愿并没有发生。在原有假设中，用来降低家庭生计资本达到一定程度后支付意愿减弱的兼业指标在回归方程中不再显示。

家庭劳动力的回归系数为负值，且通过了5%显著性水平检验。根据平均边际效应数值显示，家庭劳动力每增加1人，支付意愿就降低0.28%，说明家庭劳动力越多，支付意愿就越低，这显然与预期不一致。这可能与变量设定有关。我们所统计的家庭收入是其实际的收入，即能支配的所有收入，既包括种植收入也包括非种植收入，既有家庭成员劳动力投入的收入，也包含雇工的收入。但是在统计家庭劳动力的时候，并没有考虑到家庭雇工的人数，收入越高的家庭可能相对人口更少，造成了家庭劳动力的回归系数为负的情形。

家庭水稻种植面积对支付意愿影响的平均边际效应系数为0.014，P值为0.33。虽然显著性水平没有达到10%，但是其影响效应为正，与原有预期一致。所调查样本的水稻种植面积差异较大，从不足1亩到200亩以上均有，分布较广。在此将水稻种植面积设置为定序数据，以5亩、10亩、30亩、100亩作为分界线。水稻种植面积每提升一个单位，有支付意愿的概率就会增加15.44%。

(3) 风险与产品认知。风险态度按照从1到5分为极端风险厌恶、中等风险厌恶、轻度风险厌恶、风险中性和风险偏好五个定序等级。显然，风险态度等级越高，支付意愿就越弱。风险态度对支付意愿影响的平均边际效应系数为−0.047，其显著性水平为0.002。显然，风险态度的影响分析结果与假设相同。

收入风险大小认知回归结果显示，收入风险大小认知的影响符合预期。其回归系数为正，显著性达到1%水平。农户认为收入风险越大，其收入保险支付意愿就越强烈。

价格风险波动幅度认知也按照1到5分为小、较小、一般、大和较大五个定序等级。如果农户认为价格波动幅度越大，其收入保险的支付意愿就越强。价格波动幅度每增加一个单位，其整体支付意愿就增加0.31%，等级内支付意愿的比率增加90%。价格波动幅度认知变量与支付意愿影响的正向关系符合预期，且通过显著性水平检验。

近3年遭受的损失程度与支付意愿影响呈正向关系，符合预期，但是显著性水平不足。这有可能是因为收入风险大小认知里已经包括了近3年遭受损失的程度，所以显著性水平不够。

产品认知共5个变量，除收入保障作用认知显著性水平不足外，其余的现有产量保险作用认知、收入保险作用认知、保险费率水平认知以及补贴水平认知等4个变量均显著影响水稻收入保险支付意愿。

产量保险作用认知对支付意愿影响为正，且在1%水平上通过了显著性检验。原有假设认为产量保险作用认知对收入保险意愿既有同为保险的正面影响，也有对收入保险替代的反向影响。就回归结果看，其正面影响超过了负面影响。

补贴水平认知对支付意愿影响也为正，补贴水平认知每增加一个等级，整体支付意愿就提升0.79%。高达52.4%的农户对设定的补贴水平持正面态度，仅有13.1%的农户不满意补贴水平。

保险费率高低认知与支付意愿影响呈负向关系。农户认为保险费率越高，其支付意愿就越低。认为保险费率较高的农户138户，有支付意愿的72户，比例为52%；认为保险费率高的农户53户，有支付意愿的仅14户，比例为26%。而认为保险费率合适或低的148户农户中，有支付意愿的高达82%。

7.4 农户水稻收入保险支付意愿水平影响因素分析

7.4.1 支付意愿水平基本情况分析

国内现有农业保险支付意愿的研究，多基于Probit、Logit模型或者以条件价值法分析农户对保险的支付意愿，少有基于保险支付意愿基础上对支付金额大小影响因素的研究。支付金额大小受到哪些因素的影响，以及这些因素的影响程度，对于政策制定特别是保险费率补贴率的确定有重要意义。在调查的339户水稻种植户中，有水稻收入保险支付意愿的农户207户，占样本总数的61.06%；没有支付意愿的农户132户，占38.94%。本节以有支付意愿的207户农户为研究对象，分析影响因素对支付金额大小的影响。

湖南永州市零陵区水稻种植收入保险保障收入为15 000元/公顷，保险费率5%，保费补贴比例为80%，农户自付150元/公顷（10元/亩）。在有保险支付意愿的207户农户中，以条件价值法（CVM）询问农户的最高保险费率支付金额（实际操作当中，先询问最高支付意愿后再确定是否具有支付意愿）。

水稻收入保险只有一种产品，农户只有接受或不接受两种选择。因为农户无法自由选择不同的收入保险产品，所以无法得到他们的保险支付意愿的具体值，需要有一种引导技术来获得农户的支付意愿。条件价值评估法是一种利用调查问卷询问被调查者对某种产品或服务支付意愿的方法，它适用于缺乏实际交易市场的产品或服务的价值评估。条件价值评估法主要有重复投保博弈、开放式出价法、二元选择法、支付卡出价法等，其中二元选择法是较为常用的方法，包括单分界二元选择法、双分界二元选择法和多分界二元选择法。由于不同农户的收入保险支付数值大小可能存在较大的差别，故采用多分界二元选择法从高到低递减询价来求取农户收入保险的最大支付值。在确定需要使用的方法后，按照以下步骤来得到农户的支付意愿大小。首先，确定保费投标值。对少部分种粮大户进行预调查，了解他们保险费率的最大可能支付值。经过比照分析，设定最大支付值为 18 元/亩。最小的支付值为收入保险产品的定价，即 10 元/亩。这样确定了 9 个投标值，即 10～18 元/亩。其次，进行询价。对所有具有支付意愿的农户，从最高的 22 元/亩询问其是否可以接受，若回答“愿意”，则停止询问；否则将投标制递减后继续询问，直至得到农户“愿意”的回答。据此得到了所有具有支付意愿农户的支付金额大小。

从表 7-8 可以看出，农户对收入保险的支付意愿水平多集中在 10～12 元/亩，占据了有支付意愿农户的 48.6%。表 7-9 显示了不同支付意愿水平下户主及家庭特征相关变量的情况。

表 7-8 农户水稻收入保险支付意愿水平

项目	10 元/亩	11 元/亩	12 元/亩	13 元/亩	14 元/亩	15 元/亩	16 元/亩	17 元/亩	18 元/亩
频数	44	31	26	19	22	24	20	14	7
比例（%）	21.3	15.0	12.6	9.2	10.6	11.6	9.7	6.8	3.4

表 7-9 不同支付意愿水平下户主及家庭特征

单位：%

户主及家庭特征		10 元/亩	11 元/亩	12 元/亩	13 元/亩	14 元/亩	15 元/亩	16 元/亩	17 元/亩	18 元/亩
户主性别	男	95	81	88	74	91	92	90	71	100
	女	5	19	12	26	9	8	10	29	0
户主年龄	＜40	4	0	8	11	5	8	15	7	14
	40～50	64	45	42	37	64	54	40	72	72
	50～60	16	45	31	53	18	33	25	14	14
	＞60	16	10	19	0	13	5	20	7	0
户主受教育程度	小学及以下	11	16	4	5	23	0	0	0	0
	初中	48	39	58	37	27	21	25	71	43
	高中（中专）	41	39	31	47	23	71	65	29	43
	大专及以上	0	6	8	11	27	8	10	0	14
水稻种植面积	＜10 亩	30	39	54	5	9	13	20	0	0
	10～30 亩	38	29	23	5	55	4	30	0	14
	＞30 亩	32	32	23	90	36	83	50	100	86

（续）

户主及家庭特征		10元/亩	11元/亩	12元/亩	13元/亩	14元/亩	15元/亩	16元/亩	17元/亩	18元/亩
家庭劳动力数	5人及以下	48	58	88	79	64	75	80	100	57
	5人以上	52	42	12	21	36	25	20	0	43
家庭收入	<5万元	27	3	4	0	9	0	15	0	0
	5万～10万元	70	68	92	42	68	67	70	14	29
	>10万元	3	29	4	58	23	33	15	86	71

7.4.2 支付意愿水平影响因素分析模型

在前文中，利用Probit模型考察了是什么因素对农户水稻种植收入保险的支付意愿产生了影响。分析的对象既包括有支付意愿的农户，也包括没有支付意愿的农户。在分析支付意愿影响水平时，只将有支付意愿的农户纳入研究对象。其实，农户愿意支付的水稻种植收入保险费率可能与那些观察不到而又对支付金额大小产生影响的因素有关，造成“样本选择性偏差”。没有支付意愿的农户，可能仍然具有对水稻收入保险的“保留支付金额”。虽然“保留支付金额”低于10元/亩，但缺乏这部分样本会造成“样本选择性偏差”中的“样本自选择”问题。考虑到“样本选择性偏差”问题的存在，Heckman提出了一种解决“样本自选择”问题的方法，即著名的赫克曼矫正法（Heckman Correction），又称两阶段方法。赫克曼矫正法分两步进行：首先，根据经济学理论设计出一个计算个体概率的模型，以模型的分析结果来预测每个样本的概率；其次，将被预测的个体概率作为一个额外的解释变量，与受教育程度、年龄等变量一起来矫正“样本选择性偏差”问题。

在水稻收入保险支付意愿水平的研究中，将农户是否具有支付意愿的概率作为一个格外的解释变量，与原有的解释变量一块纳入对收入保险支付意愿水平的解释方程中去，将这个参数记为逆米尔斯比 λ。逆米尔斯比表达式为：

$$\lambda = \frac{\varphi(\hat{\alpha} X_i)}{\Phi(\hat{\alpha} X_i)} \tag{7-4}$$

其中，$\varphi(\cdot)$ 为正态分布的密度函数，$\Phi(\cdot)$ 为正态分布函数的累积分布函数。$\hat{\alpha}$ 为支付意愿影响因素模型中的回归系数，X_i 为支付意愿影响因素模型的解释变量。在农户水稻收入保险支付意愿影响因素研究中，以Probit模型结果计算出 λ，纳入支付意愿水平回归方程。根据Heckman模型的要求，在第二步对支付意愿水平进行回归时的解释变量数应该少于第一步对支付意愿进行二元选择回归的解释变量数，减少的解释变量称为识别变量，本研究中对产量保险作用的认知（*yield*）为识别变量。

将水稻收入保险支付意愿水平（*bid*）取值为 10～18 元/亩，共 9 个具体值。*bid* 作为被解释变量，由户主性别（*gender*）、户主年龄（*age*）、户主受教育程度（*education*）、水稻种植面积（*land*）、家庭劳动力（*population*）、家庭收入（*income*）、风险态度（*attitude*）、近 3 年风险损失大小（*loss*）、价格波动幅度认知（*price*）、收入风险大小认知（*risk*）、保险费率认知（*premium*）、保障水平认知（*level*）和保险补贴认知（*subsidy*）等解释。各变量的赋值及统计数据见表 7－10。

表 7－10　水稻收入保险支付意愿水平影响因素描述统计

变量			描述及赋值	均值	标准差	预期方向
被解释变量		*bid*	按照最高支付意愿值	13	1.88	
解释变量	个体特征	*gender*	男＝1；女＝0	0.84	0.37	?
		age	30 以下＝1；30～40＝2；40～50＝3；50～60＝4；60 以上＝5	3.44	0.82	＋
		education	小学及以下＝1；初中＝2；高中＝3；大专＝4；本科及以上＝5	2.53	0.80	＋
	家庭生计资本	*land*	10 亩以下＝1；10～30 亩＝2；30～50 亩＝3；50～100 亩＝4；100 亩以上＝5	2.45	1.27	＋
		population	实际人口数	4.86	1.34	＋
		income	0～5 万元＝1；5 万～10 万元＝2；10 万～15 万元＝3；15 万～20 万元＝4；20 万元以上＝5	2.37	0.96	＋
	风险与产品认知	*attitude*	极端厌恶＝1，中等厌恶＝2；轻度厌恶＝3；风险中性＝4；风险偏好＝5	2.37	1.21	－
		loss	100 以下＝1；100～200 ＝2；200～300＝3；300～400＝4；400 以上＝5	2.36	1.40	＋
		price	很小＝1；较小＝2；一般＝3；较大＝4；非常大＝5	2.87	0.99	＋
		risk	风险小＝1；风险较小＝2；风险一般＝3；风险较大＝4；风险大＝5	3.60	1.00	＋
		premium	非常低＝1；较低＝2；合适＝3；较高＝4；非常高＝5	3.50	1.04	－
		level	非常不满意＝1；较不满意＝2；一般＝3；较满意＝4；非常满意＝5	3.65	0.89	＋
		subsidy	非常不满意＝1；较不满意＝2；一般＝3；较满意＝4；非常满意＝5	3.54	0.94	＋

基于有支付意愿的农户的数据，采用 OLS 法估计农户水稻收入保险支付金额大小的影响因素，模型如下。

$$bid = \beta_0 + \beta_1 gender + \beta_2 age + \beta_3 education + \beta_4 land + \beta_5 population + \beta_6 income + \beta_7 attitude + \beta_8 loss + \beta_9 price + \beta_{10} risk + \beta_{11} premium + \beta_{12} level + \beta_{13} subsidy + \omega\lambda + \varepsilon_2 \quad (7-5)$$

7.4.3 支付意愿水平分析结果

在 Stata12 软件中将上述数据输入，并对 *bid* 因变量进行 OLS 估计，得到如表 7-11 所示结果。由于 Prob＞chi2＝0.000 0，卡方检验在 1%水平上显著，整体计量结果有效。λ 系数大于 0，且通过了 10%显著性水平的检验，说明“自选择”的“样本选择性偏差”问题确实存在，农户水稻收入保险支付意愿及支付意愿水平之间存在依赖性，选择 Heckman 两阶段模型来进行支付意愿水平分析是合适的。

表 7-11 农户水稻收入保险支付意愿水平影响因素模型分析结果

解释变量	支付意愿模型		支付意愿水平模型	
	系数	*z* 值	系数	*z* 值
gender	0.532 7**	1.48	−0.333	−0.75
age	0.058 6	0.36	−0.248	−1.22
education	0.117 4	0.62	0.507**	2.18
land	0.104 3	0.79	0.696***	4.22
population	−0.272 9***	−2.37	−0.137	−1.01
income	0.686 1***	2.45	0.543*	1.86
attitude	−0.358 4***	−3.55	−0.563***	−3.18
loss	0.054 7	0.52	0.207	1.59
price	0.314 1**	1.65	0.370	1.48
risk	0.392 5**	2.65	−0.083	−0.42
yield	0.445 3***	2.76	—	—
premium	−0.451 6***	−2.98	0.002	0.01
level	0.716 0***	3.92	0.023	0.14
subsidy	0.779 9***	5.04	0.394*	1.83
_*cons*	−7.963 4	−4.81	12.366	6.24
λ			0.746 4*	1.33

注：Prob ＞ chi2=0.000 0，Wald chi2（15）＝103.44；***、** 和 * 分别表示在 1%、5%和 10%水平下通过显著性检验。

根据模型回归结果，在影响农户水稻收入保险支付意愿水平的13个影响因素中，有5个因素影响较为显著，有8个因素不显著。显著性因素较支付意愿影响因素减少了2个。5个显著影响因素包括受教育程度、水稻种植面积、家庭收入、风险态度及补贴水平认知。按照影响程度从大到小进行排序为：水稻种植面积＞风险态度＞家庭收入＞受教育程度 ＞保险补贴水平认知。5个影响显著的因素中，风险态度对农户水稻收入保险支付意愿水平的影响为负相关。具体分析如下：

（1）个体特征。区别于户主性别对支付意愿的影响较为显著，且为正相关。在支付意愿水平模型中，该因素影响不够显著，且为负相关。年龄因素在支付意愿水平模型中影响同样不显著，且回归系数为负，这可能印证了在支付意愿模型中对年龄的假设。户主年龄越大，思想越趋于保守，对新生事物、新技术的接受更慢，从而造成了该情况。相对于支付意愿模型的不显著，在支付意愿水平模型中的显著说明农户受教育程度高的支付意愿高，一旦接受了新事物、新技术后，就非常乐意使用新技术，年轻的农户受教育程度更高，对新技术的支付金额也越高。

（2）家庭生计资本。家庭生计资本中的水稻种植面积和家庭收入在支付意愿水平模型中都通过了显著性水平的检验。从影响方向上看，除家庭劳动力对支付意愿水平是负向影响外，家庭水稻种植面积和家庭收入都对支付金额有正向影响。家庭生计资本在支付意愿水平模型上与在支付意愿模型上的差别在于水稻种植面积从不显著变成了显著。这可能是由于分析所有农户时，水稻种植面积多集中在30亩以内，种植面积30亩以下的小规模农户占比56.9%，种粮大户占比43.1%。但在影响支付意愿水平的模型中，种粮大户占比55.1%，特别是种粮面积100亩以上的农户占比变化较大。种粮大户的水稻种植收入较高，能承担更高的支付金额，乐意为收入保险付费。

（3）风险与产品认知。风险态度与认知对支付意愿水平影响的4个因素中，仅有风险态度的影响较为显著。而在支付意愿模型中价格波动幅度认知以及收入风险认知等因素均对支付意愿影响显著。

风险态度对支付意愿水平影响的回归系数为负，其通过1%显著性水平检验。风险态度影响的分析结果与假设相同。随着对风险的偏好增加，农户的水稻种植收入保险支付意愿水平降低。收入风险大小认知和价格波动幅度认知的回归系数均为正值，说明风险越大，农户就越愿意支付更多的金额来避免收入风险。近3年遭受的损失程度与支付意愿水平呈正向影响，符合预期，但是显著性水平不足。3个影响因素对支付意愿水平影响不显著，可能是由于风险态度影响过于显著，而风险态度对支付意愿水平的影响里包含了部分风险大小认知。

产品认知的3个变量中，保障水平认知、保险费率高低认知以及补贴水平认知，仅有补贴水平认知均通过了10%显著性水平检验。补贴水平认知对支付意愿水平的影响为正，而保险费率高低认知与支付意愿水平呈负向关系。农户认为保险费率越高，其支付意愿就越低，愿意支付的金额就越小。

本章小结

针对确定性的收入保险产品，从户主个人特征、家庭生计资本、风险与保险产品认知等3个方面共14个变量对农户水稻收入保险支付意愿及其水平的影响因素进行分析。Probit模型回归结果显示户主性别、家庭劳动力、家庭收入、风险态度、价格波动幅度认知、收入风险大小认知、产量保险作用认知、保障水平认知、保险费率水平认知以及补贴水平认知等10个因素影响较为显著，其中家庭劳动力、对保险费率水平认知和风险态度对农户水稻收入保险支付意愿的影响为负相关；有4个因素不显著。通过Heckman两阶段模型对农户支付意愿水平进行分析，显示户主受教育程度、水稻种植面积、家庭收入、风险态度及补贴水平认知等5个因素影响较为显著。风险态度和保险补贴水平认知对支付意愿及其水平影响都显著。

8 湖南水稻区域收入保险经济效果模拟评价

农业保险具有一定的正外部性，需要政府对其进行扶持才能得到较好发展[141]。政府需要对其投入的资金进行评价。农业收入保险是在传统的产量保险上发展起来的，既保产量也保价格。农业收入保险补贴效率如何？相对于产量保险及其他相关产品，其是否促进了社会福利的增加？对于保险人，其是否具有理赔上的优势？

8.1 收入保险理赔优势分析

为了保护农户种粮的积极性，维护国家粮食安全，我国从 2004 年开始实行粮食直接补贴政策，包括种粮农户直接收入补贴、良种补贴、农机购置补贴以及在粮食主产区实行的粮食最低收购价等，其中粮食最低收购价是主要的价格补贴政策。从 2008 年开始，国家连续 7 次上调了稻谷的最低收购价。粮食价格直补政策促进了我国粮食生产的持续增长，市场供给的稳定，但扭曲了价格在市场资源配置中的作用。国外低价大米涌入、国内部分粮食作物过剩、国内外粮食价格倒挂等导致我国农业竞争力下降，下游加工企业生产和发展困难。粮食价格直补政策到了需要改革的时刻。2016 年国家下调了早籼稻收购价 0.03 元，2017 年的最低收购价是自 2004 年该政策实行以来的首次全面下调，2018 年则是最低收购价下降幅度最大的一年。农业供给侧结构性改革要求市场在农业资源配置中发挥决定性的作用，而最低收购价政策将逐渐退出。2018 年的最低收购价已经逼近农户种粮的基本成本，一旦价格托底政策退出，可能会影响农户种粮的积极性，甚至影响国家粮食安全，故应以其他方式对粮食生产进行补贴。直接收入补贴、良种补贴、农机购置补贴等均归属在世贸组织协议附件《农业协议》的“黄箱”政策中，必须予以削减。农业收入保险的补贴费用由纳税人负担而不是从消费者中转移而来，是对生产者没有直接影响的农业支持措施，是“绿箱”政策。2014 年美国农业法案取消了直接支付、反周期补贴、平均农产品收入选择补贴等直接补贴项目，规定了设立价格损失保障和农业风险保障、加大农业保险补贴力度等对市场扭曲较小的“绿箱”政策。

2014 年中央 1 号文件提出完善粮食等重要农产品价格形成机制，逐步建立农产品目标价格制度，在市场价格低于目标价格时按差价补贴生产者。2015 年中央 1 号文件提出要进行目标价格保险试点。2018 年中央 1 号文件将目标价格保险试点修改为收入保险，提出要探索开展稻谷、小麦、玉米三大粮食作物收入保险试点。通过开展收入保险试点，将原来对最低收购价的支持政策转移到收入保险补贴中来，减少价格对市场的扭曲作用，让市场对资源进行优化配置。

农业收入保险是分散农业风险的重要机制，也是我国粮食价格支持政策的重要组成部分。保险市场存在典型的信息不对称现象，投保方对涉及的风险比保险公司拥有更多的信息，这会造成风险高的农户聚集于保险市场，而风险低的农户则远离市场的逆向选择问题。同时，农户在投保后，可能会对纳入投保范围的风险疏于管理，引致道德风险。收入保险风险保障范围除了包括产量风险外还包括价格风险。产量风险可能是个体性的或者区域性的，可通过扩大投保范围进行分散。但是价格风险则是系统性的，难以通过自身进行分散。道德风险、逆向选择和系统性风险造成了农业收入保险运营的高成本，保险公司制定的保险费率标准高于农户的需求。如果政府没有对农户或者保险公司进行补贴，农业收入保险市场将难以存在。

湖南现有水稻种植保险针对的是产量风险，保障因人力无法抗拒的自然灾害，包括暴雨、洪水、内涝、风灾、雹灾、冻灾、旱灾、病虫鼠害直接造成的水稻叶片毁坏、茎秆折断、倒伏、根系枯萎或死亡造成的损失。保障金额因水稻种植期而异，每季每公顷苗期为 4 200 元，分蘖拔节期 4 800 元，成熟期 5 400 元，保险费率为 5%。水稻种植险是中央财政农业保险补贴项目，由中央、省及县三级对保费进行补贴，比例分别为 40%、25%和 15%，农户自付 20%，即 54 元/公顷。现有的产量保险以物化成本为保障基础，而前文所设定的收入保险保障金额以实际收入为基础，最高的芷江县水稻收入保险保障金额达每公顷 22 290 元。两者的保障标准并不一致，且收入保险除了保产量外还保价格。因此不能将收入保险与现有产量保险进行直接比较，而要将收入保险与有相同保障程度的产量保险和价格保险进行比较。Hennessy D A，Babcock B A 和 Hayes D J（1997）对收入保险与产量保险和价格保险的理赔成本进行了比较[78]。

在图 8-1 中，横轴代表产量，纵轴代表价格。收入保险的保障金额 $R_0=P_0Q_0$，曲线 $PQ=R_0$ 上的每一点都代表着相同的收入。农户投保保障金额为

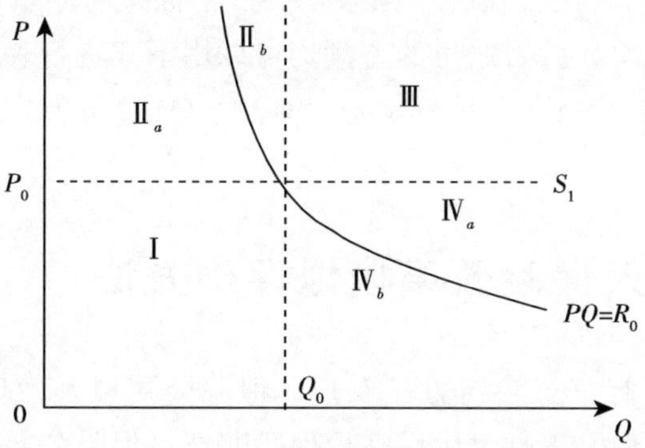

图 8-1　收入保险与价格及产量保险理赔成本比较

R_0 的收入保险产品后，当实际收入落在曲线的左边时，获得保险人的赔偿。如果需要得到同样的保障效果，需要同时投保保障价格为 P_0、固定单产为 Q_0 的价格保险和保障产量为 Q_0、固定价格为 P_0 的产量保险。以水平线 $P=P_0$ 和垂直线 $Q=Q_0$ 将收入划分为Ⅰ、Ⅱ、Ⅲ和Ⅳ四个象限。下面对四个象限进行分析，当实际收入对应的价格和产量落入Ⅰ象限时，收入保险的赔付为 P_0Q_0-PQ，而产量保险的赔付为 $P_0Q_0-P_0Q$，价格保险的赔付为 $P_0Q_0-PQ_0$，价格保险和产量保险的赔付和为 $2P_0Q_0-PQ_0-P_0Q$，与收入保险赔付的差额为：

$$2P_0Q_0-PQ_0-P_0Q-P_0Q_0+PQ=(Q_0-Q)\times(P_0-P)>0 \tag{8-1}$$

可以看出，在象限Ⅰ，收入保险的赔付要低于相同保障的价格保险和产量保险赔付之和。设（P，Q）为在不同象限内的实际收入对应的价格和产量，产量保险与价格保险赔付之和与收入保险赔付的差额，在其他象限的结果见表 8-1。

表 8-1　收入保险理赔成本比较分析

象限	价格保险和产量保险组合		收入保险	差额
	价格保险	产量保险		
Ⅰ	$(P_0-P)\ Q_0$	$(Q_0-Q)\ P_0$	P_0Q_0-PQ	$(Q_0-Q)\ (P_0-P)>0$
Ⅱ$_a$		$(Q_0-Q)\ P_0$	P_0Q_0-PQ	$(P-P_0)\ Q>0$
Ⅱ$_b$				$(Q_0-Q)\ P_0>0$
Ⅲ				
Ⅳ$_a$	$(P_0-P)\ Q_0$			$(P_0-P)\ Q_0>0$
Ⅳ$_b$			P_0Q_0-PQ	$(Q_0-Q)\ P>0$

从表 8-1 可以看出，在各个象限里，价格保险与产量保险组合的赔付成本均要高于收入保险，两者赔付的差额均可以用下式进行表示：

$$Q_0 \times \max(0, P_0 - P) + P_0 \times \max(0, Q_0 - Q) \geqslant \max(0, P_0 Q_0 - PQ) \tag{8-2}$$

8.2 农业收入保险效果模拟评价方法

农业保险主要有三个参与方：农户、保险公司以及政府。农户作为投保人，缴纳保费，当保险事件发生后获得保险赔偿。保险公司作为保险人，收取农户的保费，开展保险产品的宣传、损失查勘、保险理赔等业务。政府作为第三方，一方面为农户提供保费补贴，另一方面对保险公司进行经营管理费等税费的减免，以实现农业保险的目标。一定意义上而言，政府是农业保险的主体，农业保险作为一种政策性保险，必须在政府的支持下才能良好地运行。政府支持下的农业保险的目标是什么呢？农业保险的目标有增加农户收入、稳定农业生产[37]，促进农业产业化和实现国民收入再分配[84]等。对某项政策的效果评价实际上是政策主体就该项政策对某一群体影响的判断。对农业收入保险而言，政府是主体，具体群体可以是农户、保险公司也可以是政府。孙香玉和钟甫宁（2008）从农户出发进行分析，以支付意愿与实际支付价格之差定义的消费者剩余来测算农业保险的社会福利，也有学者从保险机构视角和政府角度出发进行评价[58]。考虑农业保险的这些目标，无论是增加农户收入、稳定农业生产、促进农业产业化等，均需要落实到农户身上，站在政府的角度上以农户为出发点来评估收入保险的效果是合适的。农业收入保险会对农户的风险意识、收入、环境行为等产生影响，可以从政策实施前后这些方面的差异来分析农业保险的效果。比如可以从农业保险实施前后农户的参保率来测算农业保险的效果，也可以从农户的农药、化肥等施用量变化分析农业保险政策的环境效应。由于农业保险对农户的影响是多方面的，而各方面之间又是互有联系的，单独从某个方面来分析农业保险的效果，可能不够全面，也难以准确分析具体影响，所以可考虑从农业保险的最终效果——农户福利角度进行分析。

农户作为消费者，其福利可以用其效用来测算。通过计算政策实施前后或者不同政策对比的农户效用就可以测算农户福利的变化。但是效用函数本身是序数函数，而不是基数函数，效用适合用来进行排序，具体效用值及其变化不能体现农户福利的变化。因此可以考虑采用替代方法来测算农户的效用，主要有传统福利经济学的消费者剩余法和以期望效用为基础的确定性等值法。

8.2.1　消费者剩余法

消费者剩余是衡量消费者福利的重要指标，其定义为消费者愿意支付价格与实际支付价格的差额。下面从社会福利变化角度对政府进行收入保险补贴的消费者剩余进行分析，分析用图示法进行（图 8-2）。

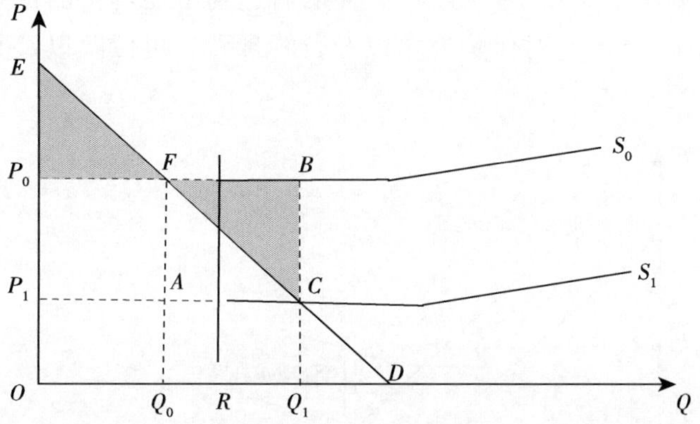

图 8-2　政府对收入保险进行补贴后的社会福利变化

在引入政府补贴之前，需求曲线为 D，供给曲线为 S_0。需求曲线 D 为向右下方倾斜的直线，说明收入保险价格越低，农户的需求量越大；供给曲线在 R 之后才出现，且初始为一条平行的直线，其后才向右上方倾斜。由于农业保险的高风险性，保险公司必须在投保量达到 R 的基础上才会开展保险业务，直线段意味着保险公司以固定的保险费率提供保险产品。但是当收入保险产品投保单位达到一定程度时，保险公司的经营管理费等运营成本会遵循规模报酬原理，随着供应量的增加而减少，导致公司实际支付费用的减少，在同样的价格下，公司愿意提供的收入保险产品得到增加。在（P_0，Q_0）点，需求曲线和供给曲线没有相交，农业保险的供给量和需求量为 0。实际上，市场上存在着对收入保险的潜在需求，图中$\triangle EP_0F$ 代表的三角形就是农户对农业收入保险的未实现的需求，可以将其看作是社会福利的损失。当政府对农业收入保险进行补贴时，可以对农户进行保险费率的补贴，也可以对保险公司进行经营管理费的补贴。为分析方便，我们将两类补贴统一为对消费者（农户）的补贴。政府进行补贴后，保险产品的价格从 P_0 下降到 P_1，此时供给曲线和需求曲线相交于 C 点，消费者剩余为$\triangle EP_1C$，政府的补贴为 BP_0P_1C 围成的矩形面积，两者的差额即$\triangle EP_0F$ 与$\triangle BFC$ 面积的差额为社会福利净收益。当保险产品需求处于规模报酬递增阶段时，$\triangle BFC$ 的面积减小，此时的社会福利净收益要大于规模报酬不变阶段。

在图 8-2 中阐述政府收入保险补贴对社会福利的影响时，为方便分析，将农户和保险公司的补贴都归纳到消费者上。图 8-3 说明了政府补贴在农户和保险公司之间的分配。要使农业收入保险达到 Q_1 的保障面积，政府需要补贴 P_1-P_2。P_2 为保障面积达到时保险公司愿意接受的最低保费，P_1 为农户愿意支付的最高保费，P_0 为经过政府补贴后达到市场均衡的保费。政府对农户的补贴额为 P_1-P_0，对保险公司以经营管理费、再保险以及其他形式的补贴额为 P_0-P_2。

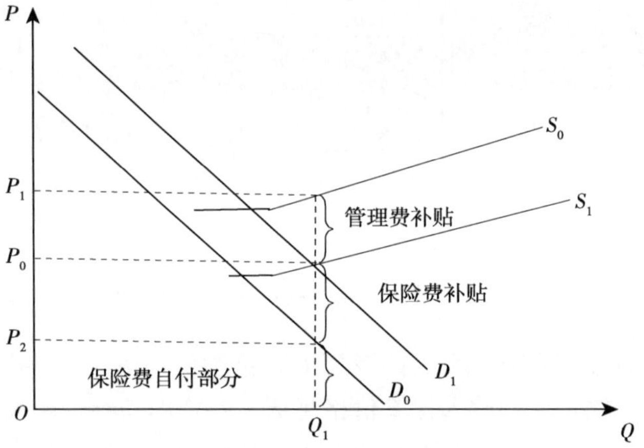

图 8-3　政府收入保险补贴的分配

8.2.2　确定性等值法

消费者剩余法适用单一产品价格变化带来的福利效用变化，当涉及多种产品或价格和收入同时变化时，套用传统消费者剩余的框架分析农业保险福利有可能导致分析结果的偏差[86]，此时以效用最大化为框架的确定性等值法来测量农户福利是可行的。将不确定的财富等价于一个确定性的货币数额，这样可以对效用进行确定性的比选。这个确定性的货币数额称之为确定性等值（Certainty Equivalent，CE）。此时有

$$U(CE)=E[u(X)]=\sum_{i=1}^{n}p_iu(x_i) \qquad (8-3)$$

确定性等值能货币化地反映农户的效用，是一个具体值，能有效地对收入保险前后农户福利效用进行比较，也利于对不同类型保险产品之间的经济效果的比较。采用绝对风险厌恶不变函数（Constant Absolute Risk Aversion,

CARA）计算各种产品的确定性等值。CARA 函数为：

$$U(W) = 1 - e^{wr} \tag{8-4}$$

其中，r 为绝对风险厌恶系数，$r>0$，$r=-\frac{U''(\cdot)}{U'(\cdot)}$。根据风险规避程度的不同，设定低风险规避系数和高风险规避系数，分别为 0.000 01 和 0.000 05[142]。根据 $U(CE)=E[U(W)]$，可以推导出：

$$CE = \frac{\ln\{E[e^{(w_0+w)r}]\}}{r} - w_0 \tag{8-5}$$

其中，w_0 为初始财富。

8.3 收入保险经济效果模拟评价模型及结果

8.3.1 补贴比例和保障水平的确定

农业收入保险补贴标准的制定就是确定农业收入保险参与方的出资比例。保险补贴有巨灾风险准备金、再保险、保费补贴及经营管理费补贴。本节农业收入保险补贴标准主要针对农户保费补贴而言。

如何确定保费补贴标准，目前采用固定比例保险费补贴，即以保费的一定比例对农户进行补贴，不考虑保障品种、地区风险、费率以及保障水平的差异。这是我国目前普遍采用的保费补贴方式。以湖南省为例，对种植业的保险品种，不分地区和投保单元统一设定相同的补贴比例。对于种植业，县级财政补贴保费 15%，省级财政补贴 25%，中央财政补贴 40%，财政共补贴保费的 80%。

收入保险覆盖因自然灾害及市场因素导致的风险损失。由于市场风险更多是系统性的，所以各地区面临的风险差异主要体现在自然灾害风险上。在目前省级统一的保险费率基础上，经营高风险地区的保险公司面临的赔付风险显然要高于低风险和中风险地区。风险高的地区，其收入保险费率也高，也就是说费率的高低反映了风险水平的高低。因此，在全省统一的保险费率基础上，高风险地区应该得到更高比例的保费补贴。若全省各地有不同的保险费率，则可以采用统一的保费补贴比例。

保费补贴比例还应与保障水平、投保单元复杂度相关联。对同一保险产品而言，保障水平越低，给予的保费补贴比例应该越高；保障水平越高，保费补贴应越低。投保单元越复杂，保费补贴比例越低。根据美国联邦农产品保险经验，同一保障水平下，全农场单元的保费补贴比例最高，企业单元次之，基本单元和选择单元最低。之所以全农场单位的保费补贴比例高，是因为全农场单位保险地域涵盖了多个地区，保障品种包含了多个类型，能在一定程度上分散风险。当然，这是针对个体风险而言。

考虑水稻区域收入保险，其保障水平刚开始时不需要设立过多的层次。美国联邦农产品保险产品在 1980 年只设立了 3 个层次，后慢慢增加到 9 个层次。人保财险于 2016 年开始在江苏常州武进区等地针对农业合作社推广收入保险试点，保障水平为 90%，区镇两级财政补贴 80%。据江苏保险学会数据，2016 年试点的 4 个水稻种植专业合作社累计投保水稻面积 113 公顷，赔付率为 33%。2017 年，试点对象扩大到 11 个新型农业经营主体，赔付率为 116%。2017 年，大连商品交易所支持了一系列“保险＋期货”的纯商业农产品收入保险产品，由农户购买期权产品来对冲风险。内蒙古甘河农场大豆收入保险费率为 9.54%，保障水平为 95%，2017 年的赔付率为 268%；黑龙江赵光农场大豆收入保险费率为 10.67%，保障水平为 85%，2017 年赔付率为 97%。就现有经验看，保障水平超过 90%，保险公司面临的赔付率相应较高；保障水平低于 70%，则保障金额较低，对农户的吸引力不足。2018 年 8 月 20 日，财政部、农业农村部和银保监会在《三大粮食作物完全成本保险和收入保险试点工作方案》中规定：“原则上，保障金额不得高于当年相应品种种植收入的 85%，农户自缴保费比例不得低于全部保费的 30%”。结合现有经验和政策文件，并充分反映收入保险的效果，将全保障水平纳入分析中，将本书水稻收入保险的保障水平设置为 80%和 100%两个档次，补贴比例按照现有产量保险的标准设置为 80%。

现有的产量保险以物化成本为保障基础，而前文所设定的收入保险保障金额以实际收入为基础。按照前文分析，在对比产量保险和价格保险时，需要将产量保险的保障金额调整为水稻种植收入，而非物化成本。此时产量保险的保障金额与收入保险保障金额一致，区别在于产量保险有固定的价格，单产低于一定标准，农户才可以索赔。此时的产量保障金额与收入保险一致，保障水平和补贴比例仍然按照收入保险的设定，保障水平设置 80%和 100%两档，保费补贴比例为 80%。

8.3.2 代表性农户及其价格和单产数据的确定

代表性农户最好采用一定区域内水稻种植面积较大的农户，因其规模较大，有可能记录历年的单产以及价格数据。受限于条件，目前缺乏单个农户 20 年以上的单产及价格数据，需要采用其他的方法来确定代表性农户。

Kimura S 等（2009）认为除了选择区域内的典型农户进行分析外，还可以将区域内所有农户作为一个整体进行考虑，此时区域内单产和价格的平均值作为区域代表性农户的具体数值[143]。

本节将对经精算的产量保险、价格保险和收入保险以及现有的产量保险进行经济效果模拟评价比较。美国收入保险采用的单产为农场（或县）的历年单产，价格根据芝加哥期货交易所、美国洲际交易所等的价格数据计算而来。我国尚缺乏针对农场（农户）单产历史数据的统计资料，一般情况下采用的是历年区县单产数据。水稻价格包括收购价、农产品集贸市场价格以及期货市场价格等。我国从 2004 年开始实行以最低收购价为主的粮食价格支持政策。从 2008 年开始，国家连续 7 次上调了稻谷的最低收购价。2016 和 2017 年，国家发改委连续两年下调了早籼稻（三等）、中晚籼稻和粳稻的最低收购价。郑州商品交易所于 2004 年、2013 年和 2014 年分别开展了早籼稻、晚籼稻和粳稻的期货产品交易。水稻期货市场价格则是以标准化、合约化的产品进行大宗交易的市场价格，能有效反映市场价格的变化。水稻最低收购价不能完全反映市场供求关系的变动，而水稻期货价格推出时间较短，难与各年份的水稻单产进行一一对应。故采用的价格和单产数据与前文水稻收入保险费率厘定时一致，采用区县稻谷单产和价格数据。具体数据来源于水稻收入保险费率厘定时，利用 Monte Carlo 模拟法生成的单产和价格数据。

8.3.3 收入保险经济效果模拟评价模型及结果

设市场价格为 P，实际单产为 Q，收入保险的保障金额为 $R_0 = P_0Q_0$，产量保险的保障单产为 Q_0，价格保险的保障价格为 P_0。保障水平位为 α，补贴比例为 s，保险费率为 γ，农户收益为 W，政府支出为 F，C 为除购买保险外的其他水稻种植成本，包括人工、秧苗、化肥、机械等。

则收入保险下的农户收益为：

$$W_R = PQ - C + \max(\alpha P_0Q_0 - PQ,\ 0) - \gamma_R P_0 Q_0 (1 - s_R) \quad (8-6)$$

政府支出为：

$$F_R = \gamma_R P_0 Q_0 s_R \quad (8-7)$$

产量保险下的农户收益为：

$$W_Q = PQ - C + \max(\alpha PQ_0 - PQ, 0) - \gamma_Q PQ_0 (1 - s_Q) \quad (8-8)$$

政府支出为：

$$F_Q = \gamma_Q PQ_0 s_Q \quad (8-9)$$

价格保险下的农户收益为：

$$W_P = PQ - C + \max\ (\alpha P_0 Q - PQ,\ 0)\ - \gamma_P P_0 Q\ (1 - s_P) \quad (8-10)$$

政府支出为：

$$F_P = \gamma_P P_0 Q s_P \quad (8-11)$$

价格保险和产量保险组合下的农户收益为：

$$\begin{aligned} W_z = & PQ - C + \max(\alpha PQ_0 - PQ, 0) - \gamma_Q PQ_0 (1 - s_Q) \\ & + \max(\alpha P_0 Q - PQ, 0) - \gamma_P P_0 Q (1 - s_P) \end{aligned} \quad (8-12)$$

政府支出为：

$$F_Q = \gamma_Q PQ_0 s_Q + \gamma_P P_0 Q s_Q \quad (8-13)$$

无政策下农户收益为：

$$W = PQ - C \quad (8-14)$$

政府支出为 0。

现有产量保险模拟效果分析：现有产量保险以 5 400 元/公顷的物化成本为保障金额，保险费率各个地区统一，均为 5%。就零陵地区低风险规避者而言，每公顷农户的确定性等值相比无政策时增加 77 元，而财政支出为 216 元，补贴效率为 0.36。现有产量保险的补贴效率不高，但在一定程度上提高了农户的预期收入，降低了收入的波动风险。

经过精算的产量保险以 6 183 千克/公顷为保障单产，2.921 元/千克的平均价格为固定价格，保障金额为 18 061 元/公顷。由 Monte Carlo 模拟法生成的代表性农户单产数据均位于保障金额的 80%及以上水平，精算出的 80%保障水平下的产量保险费率为 0，则该保障水平下的保险产品无须存在，此时的情况与无政策下一致。当保障水平提升到 100%的时候，保险费率仅为 2.28%，低风险规避者的确定性等值相较无政策情况下每公顷增加了 366 元，补贴效率 1.06，说明此时的财政支出是有效率的。而生成的单产数据波动性较小，100%保障水平下的产量保险费率较低，财政支出相对原有产量保险增加 57%，补贴效率从 0.36 提升到 1.09。导致财政支出增长不多的原因在于零陵地区水稻单产波动较小，这可以从前文关于湖南各地区水稻产量风险区划的分析中看出。就风险波动较大地区进行产量保险相关效果测算的结果类似于零陵区价格保险的相关情况。

零陵区水稻价格保险以 6 183 千克/公顷为固定单产，2.921 元/千克为保障价格，保障金额与精算产量保险一致，该地区水稻价格波动较大，精算的保险费率也较高。在 80%和 100%保障水平下的费率分别为 3.28%和 9.87%，低风险规避者的确定性等值较无政策情况下分别增加了 809 元/公顷和 2 311 元/公顷，补贴效率分别为 1.67 和 1.47。

若产量保险和价格保险都投保，则农户预期收入、确定性等值以及预期政府支出都是所有项目里最高的，但其补贴效率为1.31，低于价格保险和收入保险的补贴效率。

80%保障水平下的收入保险的补贴效率最高，为2.38，此时财政支出为375元/公顷。若将保障水平提升到100%，由于精算的保险费率从2.59%提升到9.61%，财政支出则提升为1 390元/公顷，提高271%，补贴效率降低到1.70（表8-2）。

表8-2 零陵区各种水稻保险的确定性等值、财政支出及补贴效率

项目		预期收入（元/公顷）	确定性等值（元/公顷）		预期财政支出（元/公顷）	保险费率（%）	补贴效率
			低风险规避 $\gamma=0.000\ 01$	高风险规避 $\gamma=0.000\ 05$			
无政策		18 084 (5 114)	16 999	14 451	0		
收入保险	80%	18 473 (4 487)	17 891 [892]	16 352 [1 901]	375	2.59	2.38
	100%	20 004 (4 063)	19 359 [2 360]	18 633 [4 182]	1 390	9.61	1.70
产量保险	80%	18 084 (5 114)	16 999 [0]	14 451 [0]	0	0	
	100%	18 473 (4 792)	17 365 [366]	14 962 [511]	330	2.28	1.09
价格保险	80%	18 440 (4 542)	17 808 [809]	16 295 [1 844]	475	3.28	1.67
	100%	19 961 (3 673)	19 310 [2 311]	18 040 [3 589]	1 428	9.87	1.47
现有产量保险		18 123 (5 004)	17 076 [77]	14 569 [118]	216	5	0.36
产量+价格保险		20 137 (4 192)	19 501 [2 502]	18 282 [3 831]	1 758	2.28+9.87	1.31

注：预期收入下括号内数字为预期收入的标准差，确定性等值下方括号内数字为相较无政策情况下的确定性等值增加值。

本章小结

从保险人、政府角度分析收入保险的优势。无论是面临价格风险还是产量风险，收入保险相比同等保险水平下的产量保险和价格保险之和的理赔成本更低。对于政府而言，农业保险的效用可以用农户福利来衡量，同时考虑财政补贴效率。以效用最大化为框架的确定性等值法比传统的消费者剩余法更适合测量农户福利。选用绝对风险厌恶不变函数，在80%和100%两个保障水平下，在80%补贴比例的基础上，对永州零陵区代表性农户的分析显示各类保险产品或其组合均增加了农户的预期收入，并减少了收入波动。100%保障水平的产量保险和价格保险组合下，农户福利增加最多，其次是100%保障水平下的收入保险。财政补贴效率最高的是80%保障水平下的收入保险，为2.38；其次是100%保障水平下的收入保险。

9 研究结论与政策建议

9.1 研究结论

本书首先根据目前的农业风险管理政策工具和水稻种植面临的风险，总结出发展水稻收入保险的必要性。其次，分析我国农产品收入保险的发展现状，总结美国农产品收入保险的先进经验并提出可借鉴之处。再次，对水稻产量风险和价格风险进行测度并拟合各自的分布函数，以Copula方法求得湖南省各区县水稻产量和价格的联合分布函数，以经验费率法厘定湖南不同区县水稻收入保险的保障金额及保险费率。最后，以设定的水稻收入保险产品为研究对象，从农户及政府角度对其进行评价。农户方面，分析农户水稻收入保险支付意愿及其水平的影响因素；政府方面，从农户福利、补贴效率对各类保险产品进行经济效果模拟评价。主要结论如下：

（1）收入保险应该成为农户应对价格风险和产量风险的重要工具。近些年国内外粮食价格倒挂，国内粮食市场低迷，粮食库存量、进口量处于较高水平，水稻种植收益下降，粮农面临较大市场风险。相比农业补贴、粮食最低收购价以及产量保险，农业收入保险既承保价格变动风险，也承保产量变动风险，保障金额高，是世贸组织的“绿箱”政策，发展水稻收入保险以应对水稻产量和市场风险非常有必要。

（2）美国农产品收入保险在管理体制、产品设计以及补贴机制上值得国内借鉴。美国农产品收入保险从1996年开办，到2012年成为农业保险的主要产品。得益于每4年左右修订的农业保险法案，美国农产品收入保险产品种类繁多，除了大宗农作物外，还针对特色农产品开发了专门的保险品种。美国农产品收入保险设计科学，将全国州县划分为不同的风险等级，据此设置基本费率，根据保障水平、投保单元复杂度以及投保规模设置不同的调整费率；补贴机制完备，针对农户的保费补贴比例为38%～80%，针对保险公司的经营管理费补贴比例为保险费率的28.6%。

（3）区域收入保险在现有条件下是可行的，但由于风险的不同，不同地区的收入保险费率有所差异。美国收入保险产品以个人收入保险为主，区域收入保险为辅。由于国内缺乏水稻种植户历年稻谷单产数据的统计资料，而区域单产数据齐备，故以区域收入保险作大规模推广是可行的。现有的湖南水稻产量保险在各个地区采取统一的保障金额和保险费率，缺少对各个地区保险产品费率的精算。各地区农户面临不同的收入风险，不同地区的收入保险费率和保障金额各不相同。不同地区水稻收入保险的保障金额与当地自然生产条件相关，呈现地区集中分布趋势。不同保障水平下的保险费率有一定差距，保险费率随保障水平的上升快速上涨，但涨幅趋小。100%保障水平下的保险费率为10%～13%。

（4）农户收入保险支付意愿较强，风险态度、产量保险作用认知以及保险补贴认知显著影响收入保险支付意愿及其水平。在所有调查农户中，有61.06%的农户有收入保险购买意愿，规模种植户（种粮大户）中的比例则有80.1%。对户主特征、家庭生计资本、风险态度及认知、保险认知等4个方面共14个因素进行研究，发现显著影响支付意愿和支付意愿水平的因素并不完全一致，但风险态度以及保险补贴水平认知均是两者的共同显著影响因素。风险偏好程度越强，支付意愿及其水平越低；保险补贴水平越高，支付意愿及水平越高。

（5）对比现有产量保险，收入保险提高了农户福利，补贴效率较原有产量保险高。从理赔成本、农户福利及补贴效率等方面分析收入保险对保险人、政府部门的作用。根据保险理赔成本分析结果，收入保险产品比同等保障金额下的产量保险和价格保险组合更具优势。以效用最大化为框架的确定性等值法来测量农户福利，对无政策、传统产量保险、经精算的价格保险、产量保险和收入保险进行模拟评价分析，各类保险产品或其组合均增加了农户的预期收入，并减少了收入波动，收入保险较大地提高了农户的确定性等值。收入保险的财政补贴效率较高，80%保障水平下的收入保险财政补贴效率高于100%保障水平下的效率值。

9.2 政策建议

（1）在有条件的地方尽快推广水稻收入保险。财政部、农业农村部和银保监会《关于开展三大粮食作物完全成本保险和收入保险试点工作的通知》（财金〔2018〕93号）要求从2018年开始，用3年时间，在安徽和湖北省各选择4个产粮大县，面向规模经营农户和小农户开展水稻收入保险试点。加上已经试点的江苏常州武进区、苏州张家港市和四川崇州等地，已有4个省份试点开始了水稻收入保险，但这距离覆盖试点省份水稻主产县和全国水稻产量较高的17个省份还有较大差距。水稻收入保险的保障金额较高，保费补贴财政支出较原有产量保险高，建议财政较为充裕的省、市可以先行开展水稻收入保险试点工作。

（2）加快收集农户产量数据，丰富收入保险产品类型。本书以区县为单位设计的收入保险是一种指数类型产品，适用于区县内小农户较多的情况。它能有效地避免复杂烦琐的定损过程，节约时间和成本，但有可能造成实际损失和计算损失不同的“基差风险”。美国收入保险产品以个体收入保险为主。2013年中央1号文件提出发展适度规模经营，支持承包土地向专业大户、家庭农场、农民合作社流转。加快规模经营农户产量数据的收集工作，提供针对性的个体收入保险产品。完备、准确的数据是收入保险费率厘定的基础，也是收入保险运行的保障。应从省级层面建立水稻种植户的相关信息收集平台，详细记录水稻经营主体承包及流转土地情况，水稻生产、销售的各种产量、价格等数据。将保险公司承保、理赔等相关数据纳入信息收集平台。

（3）完善土地流转制度，加快土地集中经营步伐。家庭水稻种植面积的扩大，会带来生产方式向专业化、规模化的转变，促进对农业保险等风险规避手段的运用。规模种植户的支付意愿明显较一般种植户高，在2017年完成农村土地确权，实行“三权分置”后，进一步加大土地流转及财政补贴力度，完善出租、转包、转让、合作等多种流转形式，使耕地向种粮大户、专业合作社等规模经营户集中。

（4）加强信息宣传和保险培训。无论是产量保险还是收入保险，对其认知越强，支付意愿就越大。可以乡镇为单位，邀请保险公司为种粮农户举办收入保险的相关讲座和培训，就产品设计、投保和理赔流程等进行介绍。在村委会宣传栏张贴相关宣传海报，建立新媒体推广平台，宣传收入保险在应对风险、保障收入中的作用，增强农户的保险意识。

（5）加大收入保险补贴力度。现行水稻产量保险保障金额覆盖物化成本，据《2018年全国农产品成本收益资料汇编》，2017年水稻每亩产值是物化和服务成本的2.7倍。财政部、农业农村部和银保监会《关于开展三大粮食作物完全成本保险和收入保险试点工作的通知》中要求维持中央财政补贴比例不变，取消县级补贴，农户自缴比例不低于30%。省级财政补贴比例从25%增加到30%，在费率不变情况下，省级收入保险保费补贴金额是原有产量保险的3.2倍。应尽快将收入保险保费补贴纳入省级财政预算，并积极争取中央财政支持。

参 考 文 献

[1] 詹琳，蒋和平 . 粮食目标价格制度改革的困局与突破 [J]. 农业经济问题，2015，36 (2)：14－20.

[2] 钟甫宁 . 粮食储备和价格控制能否稳定粮食市场：世界粮食危机的若干启示 [J]. 南京农业大学学报（社会科学版），2011，11 (2)：20－26.

[3] 程国强，朱满德 . 中国粮食宏观调控的现实状态与政策框架 [J]. 改革，2013 (1)：18－34.

[4] 程国强 . 我国粮价政策改革的逻辑与思路 [J]. 农业经济问题，2016，37 (2)：4－9.

[5] 黄季焜，王丹，胡继亮 . 对实施农产品目标价格政策的思考：基于新疆棉花目标价格改革试点的分析 [J]. 中国农村经济，2015 (5)：10－18.

[6] Hart C E，Babcock B A. Livestock Revenue Insurance [J]. Journal of Futures Markets，2001，21 (6)：553－580.

[7] 陈平，陶建平，赵玮 . 基于风险区划的农作物区域产量保险费率厘定研究：以湖北中稻县级区域产量保险为例 [J]. 自然灾害学报，2013，22 (2)：51－60.

[8] 方伶俐 . 中国农业保险需求与补贴问题研究 [D]. 武汉：华中农业大学，2008.

[9] 李文芳 . 基于非参数核密度法的农作物区域产量保险费率厘定研究 [J]. 生态经济，2012 (4)：61－64.

[10] 梁来存 . 我国粮食保险纯费率厘定方法的比较与选择 [J]. 数量经济技术经济研究，2011，28 (2)：124－134.

[11] 刘亚静，周稳海 . 玉米气象指数保险纯费率厘定的实证研究：以河北省为例 [J]. 河南农业科学，2013，42 (4)：193－196.

[12] 吕开宇，张崇尚，邢鹂 . 农业指数保险的发展现状与未来 [J]. 江西财经大学学报，2014 (2)：62－69.

[13] 庹国柱，王克，张峭，等 . 中国农业保险大灾风险分散制度及大灾风险基金规模研究 [J]. 保险研究，2013 (6)：3－15.

[14] 王丽红，杨华，田志宏，等 . 非参数核密度法厘定玉米区域产量保险费率研究：以河北安国市为例 [J]. 中国农业大学学报，2007 (1)：90－94.

[15] 邢鹂，钟甫宁 . 粮食生产与风险区划研究 [J]. 农业技术经济，2006 (1)：19－23.

[16] 叶涛，聂建亮，武宾霞，等 . 基于产量统计模型的农作物保险定价研究进展 [J]. 中国农业科学，2012，45 (12)：2544－2551.

[17] 于洋，王尔大．基于生存分析法的中国政策性农作物保险费率研究 [J]. 统计与信息论坛，2010，25 (4)：87 - 92.

[18] 佘洋．基于保障水平的农业保险保费补贴差异化政策研究：美国的经验与中国的选择 [J]. 农业经济问题，2013，34 (10)：29 - 35.

[19] 朱俊生．中国天气指数保险试点的运行及其评估：以安徽省水稻干旱和高温热害指数保险为例 [J]. 保险研究，2011 (3)：19 - 25.

[20] 王克，张峭，肖宇谷，等．农产品价格指数保险的可行性 [J]. 保险研究，2014 (1)：40 - 45.

[21] 张峭，汪必旺，宋淑婷．北京市鸡蛋价格保险产品设计研究 [J]. 农业展望，2013，9 (11)：46 - 50.

[22] 张雯丽，龙文军．蔬菜价格保险和生产保险的探索与思考 [J]. 农业经济问题，2014，35 (1)：66 - 71.

[23] 庹国柱，朱俊生．论收入保险对完善农产品价格形成机制改革的重要性 [J]. 保险研究，2016 (6)：3 - 11.

[24] 周建涛，于然．我国农业保险应以经济作物收入保险为切入点 [J]. 农业经济，2005 (1)：56 - 57.

[25] 帅婉璐，何蒲明．基于农产品收入保险的农产品价格形成机制问题研究 [J]. 价格月刊，2017 (11)：25 - 28.

[26] 朱俊生，庹国柱．农业保险与农产品价格改革 [J]. 中国金融，2016 (20)：73 - 75.

[27] 肖宇谷，王克．中国开展农作物收入保险的意义和可行性初探 [J]. 农业展望，2013，9 (10)：29 - 32.

[28] 张峭，王克，李越，等．中国主粮作物收入保险试点的必要性及可行方案：以河北省小麦为例 [J]. 农业展望，2015，11 (7)：18 - 24.

[29] 朱俊生．农业保险创新的国际经验 [J]. 中国金融，2016 (8)：59 - 61.

[30] Coble K H，Heifner R H，Zuniga M. Implications of Crop Yield and Revenue Insurance for Producer Hedging [J]. Journal of Agricultural and Resource Economics，2000，25 (2)：432 - 452.

[31] 夏益国，刘艳华，傅佳．美国联邦农作物保险产品：体系、运行机制及启示 [J]. 农业经济问题，2014，35 (4)：101 - 109.

[32] Tejeda H A，Goodwin B K. Modeling Crop prices through a Burr distribution and Analysis of Correlation between Crop Prices and Yields using a Copula method [C]. Orlando：American Agricultural Economics Association Annual Meeting，2008.

[33] 袁祥州．中国粮农风险管理与收入保险制度研究 [D]. 武汉：华中农业大学，2016.

[34] 谢凤杰，王尔大，朱阳．基于 Copula 方法的作物收入保险定价研究：以安徽省阜阳市为例 [J]. 农业技术经济，2011 (4)：41 - 49.

[35] 谢凤杰，吴东立，赵思喆．基于 Copula 方法的大豆收入保险费率测定：理论与实证

[J]. 农业技术经济，2017（2）：111-121.

[36] Cole J B，Gibsonb R. Analysis and Feasibility of Crop Revenue Insurance in China [J]. Agriculture and Agricultural Science Procedia，2010，1（156）：136-145.

[37] 张峭，王克．农作物生产风险分析的方法和模型 [J]. 农业展望，2007（8）：7-10.

[38] Botts R R，Boles J N. Use of Normal-Curve Theory in Crop Insurance Ratemaking [J]. Journal of Farm Economics，1958，40（3）：733.

[39] Day R H. Probability Distributions of Field Crop Yields [J]. Journal of Farm Economics，1965，47（3）：713-741.

[40] Gallagher P. U. S. Soybean Yields：Estimation and Forecasting with Nonsymmetric Disturbances [J]. American Journal of Agricultural Economics，1987，69（4）：796-803.

[41] Nelson C H，Preckel P V. The Conditional Beta Distribution as a Stochastic Production Function [J]. American Journal of Agricultural Economics，1989，71（4）：1045.

[42] Goodwin B K，Ker A P. Nonparametric Estimation of Crop Yield Distributions：Implications for Rating Group-Risk Crop Insurance Contracts [J]. American Journal of Agricultural Economics，1998，80（1）：139-153.

[43] Turvey C G. An Economic Analysis of Alternative Farm Revenue Insurance Policies [J]. Canadian Journal of Agricultural Economics，2010，40（3）：403-426.

[44] Ker A P，Goodwin B K. Non-parametric Estimation of Crop Insurance Rates Revisited [J]. American Journal of Agricultural Economics，2000，82（2）：463-478.

[45] Sherrick B J，Zanini F C，Schnitkey G D，et al. Crop Insurance Valuation under Alternative Yield Distributions [J]. American Journal of Agricultural Economics，2004，86（2）：406-419.

[46] Vedenov D. Application of Copulas to Estimation of Joint Crop Yield Distributions [C]. Orlando：American Agricultural Economics Association Annual Meeting，2008.

[47] Kobus，Pawel. Modelling joint distribution of crop plant yields and prices with use of a copula function [J]. Problems of world agriculture，2013，13（4）：66-75.

[48] 吴银亳．我国经济作物收入保险定价研究：以阿克苏棉花为例 [J]. 金融理论与实践，2017（1）：102-106.

[49] Hazell P B，Pomareda C，Valdés A. Crop Insurance for Agricultural Development：Issues and Experience [J]. Indian Economic Review（New Series），1986（4）：832-833.

[50] Serra T，Goodwin B K，Featherstone A M. Modeling changes in the U. S. demand for crop insurance during the 1990s [J]. Agricultural Finance Review，2003，63（2）：109-125.

[51] Molua E L. Farm income，gender differentials and climate risk in Cameroon：typology

of male and female adaptation options across agroecologies [J]. Sustainability Science, 2011, 6 (1): 21-35.

[52] Smith V H, Glauber J W. Agricultural Insurance in Developed Countries: Where Have We Been and Where Are We Going [J]. Applied Economic Perspectives and Policy, 2012, 34 (3): 363-390.

[53] Smith V H, Goodwin B K. Crop Insurance, Moral Hazard, and Agricultural Chemical Use [J]. American Journal of Agricultural Economics, 1996, 78 (2): 428-438.

[54] Smith V H, Baquet A E. The demand for multiple peril crop insurance: Evidence from Montana wheat farms [J]. American Journal of Agricultural Economics, 1996, 78 (1): 189-201.

[55] Shaik S, Coble K, Knight T. Revenue Crop Insurance Demand [J]. Agricultural Economics, 2005 (7): 24-27.

[56] 宁满秀，苗齐，邢鹂，等．农户对农业保险支付意愿的实证分析：以新疆玛纳斯河流域为例 [J]. 中国农村经济，2006 (6)：43-51.

[57] 宁满秀，邢郦，钟甫宁．影响农户购买农业保险决策因素的实证分析：以新疆玛纳斯河流域为例 [J]. 农业经济问题，2005 (6)：38-44.

[58] 孙香玉，钟甫宁．对农业保险补贴的福利经济学分析 [J]. 农业经济问题，2008 (2)：4-11.

[59] 肖云，石玉珍．青壮年农民工的失业及社会保障状况研究：对重庆市 954 名青壮年农民工的调查与分析 [J]. 青年研究，2004 (10)：22-25.

[60] 孔荣，袁亚林．西部农户天气保险购买意愿影响因素的实证研究：基于陕甘地区农户的调查 [J]. 财贸经济，2010 (10)：45-50.

[61] 李丹，倪闻阳，刘从敏，等．新型农业经营主体政策性农业保险购买意愿影响因素剖析 [J]. 财会月刊，2016 (26)：95-99.

[62] 郭翔宇，刘从敏，李丹．交易成本视角下农户购买政策性种植业保险意愿的实证分析：基于黑龙江省的调查 [J]. 农业现代化研究，2016，37 (3)：551-557.

[63] 郑春继，余国新，赵向豪．农户禀赋、风险偏好与农户参保决策行为差异性：基于新疆棉区农户的实地调查 [J]. 农村经济，2017 (10)：104-111.

[64] 晁娜娜，杨汭华．新疆棉农农业保险购买意愿与行为差异分析 [J]. 北京航空航天大学学报（社会科学版），2019，32 (3)：87-92.

[65] 曾小波，修凤丽，贾金荣．陕西农户奶牛保险支付意愿的实证分析 [J]. 保险研究，2009 (8)：77-83.

[66] 宋博，穆月英，侯玲玲，等．基于 CVM 的我国农业气象指数保险支付意愿分析：以浙江柑橘种植户为例 [J]. 保险研究，2014 (2)：54-63.

[67] 彭可茂，席利卿，彭开丽．农户水稻保险支付意愿影响因素的实证研究：基于广东 34 地 1 772 户农户的经验数据 [J]. 保险研究，2012 (4)：33-43.

[68] 孙香玉，钟甫宁．农业保险补贴效率的影响因素分析：以新疆、黑龙江和江苏省农户的支付意愿数据为例 [J]. 广东金融学院学报，2009，24 (4)：112-119.

[69] 李彧挥，林雅敏，孔祥智．基于 Cox 模型的农户对政策性森林保险支付意愿研究 [J]. 湖南大学学报（自然科学版），2013，40 (2)：103-108.

[70] 于洋，王尔大．多保障水平下农户的农业保险支付意愿：基于辽宁省盘山县水稻保险的实证分析 [J]. 中国农村观察，2011 (5)：55-68.

[71] 张虎，孔荣．农户农业保险支付意愿影响因素研究：以福建省龙岩市 413 户烟农的调查为例 [J]. 西北农林科技大学学报（社会科学版），2014，14 (3)：76-82.

[72] 柏正杰．农业保险补贴的理论支持：一个政治经济学分析 [J]. 兰州大学学报（社会科学版），2012，40 (4)：151-154.

[73] 庹国柱，李军．农业保险 [M]. 北京：中国人民大学出版社，2005.

[74] Gray A W，Richardson J W，McClaskey J. Farm-Level Impacts of Revenue Assurance [J]. Review of Agricultural Economics，1995，17 (2)：171.

[75] Dismukes R，Coble K H. Managing Risk With Revenue Insurance [J]. vnited States Department of Agriculture，Economic Research Service，2006.

[76] Mishra P K. Agricultural risk，insurance and income：a study of the impact and design of India's comprehensive insurance scheme [M]. Aldershot：Avebury Publishing，1996.

[77] Chung W. Analysis of Social Welfare Effects of Crop Revenue Insurance [J]. Journal of Rural Development，2014，37 (4)：75-95.

[78] Hennessy D A，Babcock B A，Hayes D J. Budgetary and Producer Welfare Effects of Revenue Insurance [J]. American Journal of Agricultural Economics，1997，79 (3)：1024-1034.

[79] 王韧，邓超．基于我国农业保险补贴行为的博弈分析 [J]. 财经理论与实践，2008 (4)：37-40.

[80] 费友海．我国农业保险发展困境的深层根源：基于福利经济学角度的分析 [J]. 金融研究，2005 (3)：133-144.

[81] 梁来存．政策性农业保险的政府保费补贴额度的测算 [J]. 统计与决策，2012 (20)：148-151.

[82] 潘勇辉．香蕉风灾保险的最优财政补贴规模测度：来自海南省 681 户蕉农的经验证据 [J]. 中国农业科学，2009，42 (12)：4372-4382.

[83] 陈璐．政府扶持农业保险发展的经济学分析 [J]. 江西财经大学学报，2004 (3)：44-46.

[84] 冯文丽．我国农业保险市场失灵与制度供给 [J]. 金融研究，2004 (4)：124-129.

[85] 王保玲，孙健，江崇光．我国引入农业收入保险的经济效应研究 [J]. 保险研究，2017 (3)：71-89.

[86] 张跃华，施红．补贴、福利与政策性农业保险：基于福利经济学的一个深入探讨[J]．浙江大学学报（人文社会科学版），2007（6）：138－146.

[87] 王克．中国农作物保险效果评估及相关政策改善研究［D］．北京：中国农业科学院，2014.

[88] 林启渊．台湾不同稻作保险方案之经济分析：以云林县稻作生产区为例［J］．农业经济丛刊，1990，6（2）：235－253.

[89] Makki S S，Somwaru A. Evidence of adverse selection in crop insurance markets［J］. The Journal of Risk and Insurance，2001（4）：685－708.

[90] 丁少群，赵晨．农业保险逆选择行为的生成机理及规避策略研究［J］．西北农林科技大学学报（社会科学版），2012，12（6）：55－60.

[91] Barnett B J，R B J，Y H，et al. Is area yield insurance competitive with farm yield［J］. Journal of Agricultural and Resource Economics，2005（30）：285－301.

[92] Morgenstern O，Von Neumann J. Theory of games and economic behavior［M］. Princeton：Princeton University Press，1953.

[93] Ajzen I，Fishbein M. Belief，attitude，intention，and behavior：an introduction to theory and research［M］. Boston：Addison-Wesley Publishing，1975.

[94] Ajzen I. Attitudes，personality，and behavior［M］. Chicago：Dorsey Press，1988.

[95] Goodwin B K. Premium Rate Determination in the Federal Crop Insurance Program：What Do Averages Have to Say About Risk［J］. Journal of Agricultural and Resource Economics，1994.

[96] 汪必旺．我国发展农产品收入保险的效果模拟研究［D］．北京：中国农业科学院，2018.

[97] 邓平洋．湖南省水稻区域布局优化研究［D］．长沙：湖南农业大学，2013.

[98] 潘耀忠．区域自然灾害系统基本单元研究（Ⅲ）：湖南省农业自然灾害灾情综合区划［J］．北京师范大学学报（自然科学版），1998（3）：421－426.

[99] 周杨，邵喜武．改革开放40年中国粮食价格支持政策的演变及优化分析［J］．华中农业大学学报（社会科学版），2019（4）：15－24.

[100] Olivier M. Hedging price risk in the presence of crop yield and revenue insurance［J］. European Review of Agricultural Economics，2002（2）：217－239.

[101] Glauber J W. The Growth of the Federal Crop Insurance Program：1990－2011［J］. American Journal of Agricultural Economics，2013，95（2）：482－488.

[102] 何小伟，方廷娟．美国农业收入保险的经验及对中国的借鉴［J］．农业展望，2015，11（1）：26－30，36.

[103] Goodwin B K，Porth L. Challenges in the design of crop revenue insurance［J］. Agricultural Finance Review，2015，75（1）：19－30.

[104] Carl Z，Gary S，Michael L. Average Crop Revenue Election，Crop Insurance，and

Supplemental Revenue Assistance: Interactions and Overlap for Illinois and Kansas Farm Program Crops [J]. Journal of Agricultural and Applied Economics, 2010, 42 (3): 501-515.

[105] Paulson, Nicholas D, Babcock, et al. Get a GRIP: Should Area Revenue Coverage be Offered through the Farm Bill or as a Crop Insurance Program [J] Western Journal of Agricultural Economics. 2008, 33 (2): 137-153.

[106] Skees J R, Barnett J R B A. Designing and Rating an Area Yield Crop Insurance Contract [J]. American Journal of Agricultural Economics, 1997, 79 (2): 430-438.

[107] Knight T O, Coble K H. Survey of U. S. Multiple Peril Crop Insurance Literature since 1980 [J]. Review of Agricultural Economics, 1997, 19 (1): 128-156.

[108] Miranda M J. Area-Yield Crop Insurance Reconsidered [J]. American Journal of Agricultural Economics, 1991, 73 (2): 233-242.

[109] Norwood B, Roberts M C, Lusk J L. Ranking Crop Yield Models Using Out-of-Sample Likelihood Functions [J]. American Journal of Agricultural Economics, 2004, 86 (4): 1032-1043.

[110] Babcock B A, Hayes C E H A. Actuarial Fairness of Crop Insurance Rates with Constant Rate Relativities [J]. American Journal of Agricultural Economics, 2004, 86 (3): 563-575.

[111] Barnett B J. Agricultural Index Insurance Products: Strengths And Limitations [J]. Agricultural Outlook Forum, 2004 (1): 7-15.

[112] Ramirez O A, Carpio C E, Collart A J. Are the Federal Crop Insurance Subsidies Equitably Distributed: Evidence from a Monte Carlo Simulation Analysis [J]. Journal of Agricultural and Resource Economics, 2015, 40 (3): 457-475.

[113] 袁祥州，程国强，黄琦．美国农业保险财政补贴机制及对我国的借鉴 [J]. 保险研究，2016 (1): 76-86.

[114] 王克，张峭．我国东北三省主要农作物生产风险评估 [J]. 农业展望，2008 (7): 23-29.

[115] 叶涛，史培军，王静爱．种植业自然灾害风险模型研究进展 [J]. 保险研究，2014 (10): 12-23.

[116] 王季薇，王俊，叶涛，等．区域种植业自然灾害保险综合区划研究：以湖南省晚稻为例 [J]. 自然灾害学报，2016, 25 (3): 1-10.

[117] 曾辉，杨新顺．参数法和非参数法在农作物区域产量保险费率厘定中的应用 [J]. 统计与决策，2014 (4): 74-77.

[118] 王克，张峭．农作物单产风险分布对保险费率厘定的影响：以新疆3县（市）棉花单产保险为例 [J]. 中国农业大学学报，2010, 15 (2): 114-120.

[119] Ozaki V A, Ghosh S K, Goodwin B K, et al. Spatio-Temporal Modeling of Agricultural Yield Data with an Application to Pricing Crop Insurance Contracts [J]. American Journal of Agricultural Economics, 2008, 90 (4): 951-961.

[120] 崔媛．基于大数据分析的农业气候与农作物产量变化研究 [J]. 中国农业资源与区划，2017，38 (2)：112-117.

[121] 房世波．分离趋势产量和气候产量的方法探讨 [J]. 自然灾害学报，2011，20 (6)：13-18.

[122] 李彩侠，李俏，孙天一，等．气候变化对黑龙江省主要农作物产量的影响 [J]. 自然灾害学报，2014，23 (6)：200-208.

[123] 王川，赵俊晔，钟永玲．我国粮食市场风险的度量与评估：基于风险价值法的实证分析 [J]. 中国农业资源与区划，2012，33 (2)：15-22.

[124] 徐磊，张峭．国际粮食市场价格风险评估研究 [J]. 中国农业大学学报，2011，16 (4)：158-163.

[125] 张峭，王川，王克．我国畜产品市场价格风险度量与分析 [J]. 经济问题，2010 (3)：90-94.

[126] 林光华，陈铁．国际大米价格波动的实证分析：基于 ARCH 类模型 [J]. 中国农村经济，2011 (2)：83-92.

[127] 孙林，倪卡卡．国际粮食价格波动非对称性分析：基于 T 分布下 EGARCH 模型 [J]. 南京农业大学学报（社会科学版），2013，13 (2)：68-75.

[128] 周莹，焦建玲．基于 GARCH-VaR 模型的石油价格风险研究 [J]. 合肥工业大学学报（自然科学版），2011，34 (9)：1423-1428.

[129] Engle R F. Autoregressive Conditional Heteroscedasticity with Estimates of the Variance of United Kingdom Inflation [J]. Econometrica, 1982, 50 (4): 987-1007.

[130] Bollerslev T. Generalized autoregressive conditional heteroskedasticity [J]. Journal of Econometrics, 1986, 31 (3): 307-327.

[131] Boissonnade A, Stojanovski P. Modeling Approaches to Agricultural Crop Risk Quantification [C]. Singapore: RMS Asia Co. General Insurance Conference, 2011.

[132] Bokusheva R. Measuring dependence in joint distributions of yield and weather variables [J]. Agricultural Finance Review, 2011, 71 (1): 120-141.

[133] Ker A P, Coble K. Modeling Conditional Yield Densities [J]. American Journal of Agricultural Economics, 2003, 85 (2): 291-304.

[134] Ramirez O A, Misra S, Field J. Crop-Yield Distributions Revisited [J]. American Journal of Agricultural Economics, 2003, 85 (1): 108-120.

[135] 于洋．农作物产量保险区域化差别费率厘定的可行性：基于非参数核密度估计实证 [J]. 统计与信息论坛，2013，28 (10)：75-80.

[136] Goodwin B K, Mahul O. Risk Modeling Concepts Relating to the Design and Rating of Agricultural Insurance Contracts [J]. Policy Research Working Paper, 2004 (10): 1-37.

[137] Goodwin B K, Hungerford A H. Copula-based models of systemic risk in U S [J]. American Journal of Agricultural Economics, 2015, 97 (3): 879-896.

[138] Ghosh S, Woodard J D, Vedenov D V. Efficient Estimation of Copula Mixture Model: An Application to the Rating of Crop Revenue Insurance [M]. Pittsburgh: Agricultural and Applied Economics Association, 2011.

[139] 张强，李剑锋，陈晓宏，等．基于 Copula 函数的新疆极端降水概率时空变化特征 [J]. 地理学报，2011，66 (1)：3-12.

[140] Botts R R, Boles J N. Use of Normal-Curve Theory in Crop Insurance Ratemaking [J]. Journal of Farm Economics, 1958, 40 (3): 733.

[141] 张跃华，顾海英．准公共品、外部性与农业保险的性质：对农业保险政策性补贴理论的探讨 [J]. 中国软科学，2004 (9)：10-15.

[142] Corey M J, Barnett B J, Coble K H. Analyzing Producer Preferences for Counter-Cyclical Government Payments [J]. Journal of Agricultural and Applied Economics, 2003, 35 (3): 671-684.

[143] Kimura S, Anton J, Lethi C. Farm Level Analysis of Risk and Risk Management Strategies and Policies: Cross Country Analysis [J]. OECD Food, Agriculture and Fisheries Papers, 2010 (1): 22-28.

湖南水稻区域收入保险
支付意愿调查问卷

尊敬的农民朋友：

您好！我们是福建农林大学经济与管理学院“湖南水稻区域收入保险”课题组，现正开展水稻收入保险支付意愿调查。本次调查资料仅作论文写作使用，谢谢配合！

湖南现有水稻种植保险以保物化成本为主，保障金额为360元/亩，保险费率5%，政府补贴80%，农户自付20%，为3.6元/亩。

水稻区域收入保险保障的是水稻种植收入，保障金额1 000元/亩，保险费率5%，政府补贴80%。农户承担的费率为1%，自付10元/亩。收入保险除保障自然灾害、病虫害等导致的产量下降外，还保障因收购价降低导致收入减少的风险。赔偿标准为保障金额与整个区县的水稻平均单产和收购价计算的收入之差额。具体见各区县的保险方案。

请在“□”里打“√”或在横线“________”上填写具体数字。

福建农林大学经济与管理学院“湖南水稻区域收入保险”课题组

一、个人及家庭特征

1. 您的性别。

□男　　□女

2. 您的年龄。

□<30岁　　□30～40岁　　□40～50岁　　□50～60岁　　□>60岁

3. 您的文化程度。

□小学以下　　□小学　　□初中

□高中（中专）　　□大专及以上

4. 您家庭成员共有________人？

5. 您家庭从事水稻种植的劳动力________人。

6. 您家从事水稻种植________年。

7. 您家现有水稻种植面积________亩。

8. 2018 年，您家庭年收入约为________万元，其中水稻种植收入________万元。

二、风险态度和认知

9. 让您以 40 元参与投掷硬币一次，硬币落下为正面和反面的收益如下，您最希望得到那种结果。

□正面得 40 元，反面得 40 元

□正面得 30 元，反面得 60 元

□正面得 20 元，反面得 90 元

□正面得 10 元，反面得 120 元

□正面得 0 元，反面得 160 元

10. 您觉得水稻种植收入中存在的风险大小。

□小　□较小　□一般　□较大　□大

11. 您在水稻种植过程中面临的收入风险主要有哪些？（多选）

□收购价格波动　□成本价格波动　□病虫害

□自然灾害　□其他

12. 您认为水稻价格波动幅度。

□非常大　□较大　□一般　□较小　□很小

13. 您认为自然灾害对水稻种植收入的影响程度。

□几乎没有影响　□比较小　□一般　□比较大　□很大

14. 近 3 年，您遭受到水稻种植收入最大损失约为多少元/亩？

□100 以下　□100～200　□200～300　□300～400

□400 以上

三、保险认知

15. 您购买的险种有哪些？（多选）

□养老保险　□医疗保险　□汽车保险　□农业保险　□其他

16. 您对现有的水稻保险的看法。

□非常认同　□认同　□有一定作用　□作用很小

□没有作用

17. 您对区域收入水稻保险的看法。

□没听过　□听过，但不了解　□了解一点

□基本了解　□完全了解

18. 您对目前水稻收入保险的保障水平（1 000 元/亩）是否满意？

□非常满意　□较满意　□一般　□较不满意

□非常不满意

19. 您认为目前水稻收入保险的保费（50 元/亩）水平如何？

□非常高　□较高　□合适　□较低　□非常低

四、支付意愿

20. 您如何看待收入保险在保障水稻种植收入方面的作用？

□非常重要　□比较重要　□一般　□不太重要　□不重要

21. 您对政府目前的补贴水平（80%，40 元/亩；需农户自付 20%，10 元/亩）是否满意？

□非常满意　□较满意　□一般　□较不满意

□非常不满意

22. 水稻收入保险保障金额 1 000 元/亩，保险费率 5%，补贴 80%，自付 10 元/亩，您愿意购买吗？

□愿意　□不愿意

如果选择“不愿意”，则请回答 24 题

23. 您最多愿意花多少钱（元/亩）购买水稻收入保险？

保费（元/亩）	10	11	12	13	14	15	16	17	18
选择									

24. 不愿意购买收入保险的原因是：

□购买麻烦　□理赔困难　□保费太高　□保额太低

□没听过　□不需要

<<< POSTSCRIPT

后记

时光荏苒，在本书即将付梓之际，我也快要踏入不惑之年。回首六年来的博士生涯，忆起论文写作中途陷入困境的时候，感叹时间流淌得那么地缓慢。古人说“日长似岁闲方觉”，可我难得有“事大如天醉亦休”的豁达，虽达不到悬梁刺股的程度，但为查找一篇文献，敲下一行代码而废寝忘食也是常有之事。当然更多的回忆是甜蜜的，有幸在时隔七年后再次回到大学校园，与一帮朝气蓬勃的同学一块徜徉在观音湖畔，聆听饱学之士的教诲。我甚至还忆起在外教英语课上，扮演小白兔的欢乐。

特别感谢我的指导老师徐学荣教授。老师学识渊博，处事严谨，对学生要求严格。在论文写作过程中，不厌其烦地为我组织论证，仔细校对，认真修改。话语严厉的您，满眼都是对学生学术、生活及未来工作的关爱。感谢经济学院的刘伟平教授、王林萍教授、杨建州教授、黄和亮教授、庄佩芬教授、王文烂教授和宁满秀教授，你们深厚的经济学功底一直激励着我前行。感谢福州大学朱祖平教授、王阿忠教授以及福建社科规划办孙峻炜研究员对论文的宝贵指导意见。

感谢王金凤、毛丽玉、赖永波、杨月锋、马孜艳、羊照云、彭婵娟、周磊、宋芳、王强、陈少游、王丹、龙怡、林俊韬、沈荣红、李彤、赵兵、张耀飞等同门，有幸与你们一同在徐老师门下学习，接受你们的帮助，共同度过农大的美好时光。

感谢永州市零陵区邮亭圩镇政府办徐志勇主任、梳子铺乡彭美玲妇女主任以及黄田铺镇双牌铺村徐玉元前支书在数据收集工作中所给予的大力帮助。

感谢我的父母。2015 年女儿出生，儿子步入小学，家庭生活事务更加繁忙，感谢你们在他乡忍受孤单，为我们分担了照顾孩童的重任。从19岁离开家乡上学、结婚、养儿育女，你们都给予了我强有力的支持。感谢我的妻子，感谢你忍受我论文写作迷茫中不时地抱怨。感谢一双乖巧的儿女，陪伴在你们身边，是一件令人愉悦的事情。人生的路很长，愿你们快乐成长！

2020年2月

图书在版编目（CIP）数据

湖南水稻区域收入保险研究 / 彭建林著. —北京：中国农业出版社，2022.9
ISBN 978-7-109-29822-4

Ⅰ. ①湖…　Ⅱ. ①彭…　Ⅲ. ①水稻—种植业—农业区—农业保险—研究—湖南　Ⅳ. ①F842.66

中国版本图书馆 CIP 数据核字（2022）第 146841 号

中国农业出版社出版
地址：北京市朝阳区麦子店街 18 号楼
邮编：100125
责任编辑：姚　佳　　文字编辑：张潇逸
责任校对：吴丽婷
印刷：北京印刷一厂
版次：2022 年 9 月第 1 版
印次：2022 年 9 月北京第 1 次印刷
发行：新华书店北京发行所
开本：700mm×1000mm　1/16
印张：9.25
字数：176 千字
定价：58.00 元
